JN034621

計算実務直前模試
目次

精算表……2
棚卸表……4
商業計算……6
伝票算……16
模擬問題解答……18

精算表

1．精算表とは

精算表とは、残高試算表から損益計算書と貸借対照表を作成する手続きをまとめた計算表です。

精算表は、決算についてその概要を事前に知るために作成します。この計算書によって**一会計期間の経営成績**や**決算日の財政状態**を容易に知ることができます。

精　　算　　表

勘定科目	試算表		修正記入		損益計算書		貸借対照表	
	借方	貸方	借方	貸方	借方	貸方	借方	貸方
現金	3,762						3,762	
当座預金	58,593						58,593	
受取手形	83,319						83,319	
売掛金	44,890						44,890	
貸倒引当金		1,820		744				2,564
繰越商品	39,520		36,840	39,520				
				1,824			35,016	
建物	86,000						86,000	
減価償却累計額		28,946		2,853				31,799
支払手形		62,465						62,465
買掛金		31,630						31,630
資本金		150,000						150,000
利益準備金		12,382						12,382
繰越利益剰余金		3,701						3,701
売上		359,123				359,123		
仕入	249,860		39,520	36,840	252,540			
営業費	84,123				84,123			
貸倒引当金繰入			744		744			
棚卸減耗費			1,824		1,824			
減価償却費			2,853		2,853			
当期純利益					**17,039**			17,039
	650,067	650,067	81,781	81,781	359,123	359,123	311,580	311,580

2．精算表の記入方法

① 勘定科目欄

総勘定元帳の各勘定科目名を記入します。

勘定科目の配列は、資産諸勘定、負債諸勘定、純資産諸勘定、収益諸勘定、費用諸勘定の順に記入します。貸倒引当金と減価償却累計額は、負債諸勘定に含めて記入する場合と、資産諸勘定のマイナス科目として記入する場合があります。

② 試算表欄

総勘定元帳の各勘定口座の残高金額を記入します。資産諸勘定は「借方」に、負債・純資産諸勘定は「貸方」に、収益諸勘定は「貸方」に、費用諸勘定は「借方」にそれぞれ記入します。

③ 修正記入欄

決算整理事項にもとづいて決算整理仕訳を行います。

この時点で初めて生じる勘定科目があれば勘定科目欄に追加します。

④　損益計算書欄

a)　収益諸勘定

試算表欄の収益諸勘定の金額に修正記入欄の金額を加減（貸方記入は加算、借方記入は減算）して損益計算書欄の「貸方」に書き移します。修正記入で初めて生じた科目は、その金額を損益計算書欄の「貸方」に書き移します。

修正記入がない科目は、試算表欄の金額を損益計算書欄の「貸方」に書き移します。

b)　費用諸勘定

試算表欄の費用諸勘定の金額に修正記入欄の金額を加減（借方記入は加算、貸方記入は減算）して損益計算書欄の「借方」に書き移します。修正記入で初めて生じた科目は、その金額を損益計算書欄の「借方」に書き移します。

修正記入がない科目は、試算表欄の金額を損益計算書欄の「借方」に書き移します。

⑤　貸借対照表欄

a)　資産諸勘定

試算表欄の資産諸勘定の金額に修正記入欄の金額を加減（借方記入は加算、貸方記入は減算）して貸借対照表欄の「借方」に書き移します。修正記入で初めて生じた科目は、その金額を貸借対照表欄の「借方」に書き移します。

修正記入がない科目は、試算表欄の金額を貸借対照表欄の「借方」に書き移します。

b)　負債諸勘定・純資産諸勘定

試算表欄の負債諸勘定・純資産諸勘定の金額に修正記入欄の金額を加減（貸方記入は加算、借方記入は減算）して貸借対照表欄の「貸方」に書き移します。修正記入で初めて生じた科目は、その金額を貸借対照表欄の「貸方」に書き移します。

修正記入がない科目は、試算表欄の金額を貸借対照表欄の「貸方」に書き移します。

⑥　当期純利益の算定

損益計算書欄の借方と貸方の差額を算定します。貸方の方が大きければ「当期純利益」、逆に小さければ「当期純損失」になります。その差額を金額の少ない側（例では借方）に名称と金額を赤字で記入し、その金額を貸借対照表欄の「貸方」に黒字記入して、貸借対照表欄の借方・貸方合計金額が一致することを確認します。

当期純利益					17,039			17,039
	650,067	650,067	81,781	81,781	359,123	359,123	311,580	311,580

一致

3. 修正記入欄に記入される勘定科目の記入方法

①　貸倒引当金の設定

貸倒引当金		1,820		744				2,564
貸倒引当金繰入			744		744			

当期の貸倒引当金繰入額を貸倒引当金繰入勘定の「借方」と貸倒引当金勘定の「貸方」に記入します。

貸倒引当金勘定は資産のマイナス勘定ですから合計金額2,564（1,820＋744）を貸借対照表欄の「貸方」に書き移します。貸倒引当金繰入勘定は費用ですから損益計算書欄の「借方」に書き移します。

②　繰越商品勘定、仕入勘定の修正

繰越商品	39,520		36,840	39,520				
				1,824			35,016	
仕入	249,860		39,520	36,840	252,540			
棚卸減耗費			1,824		1,824			

試算表欄に計上されている繰越商品39,520を仕入勘定の「借方」と繰越商品勘定の「貸方」に記入します。次に当期末の残高36,840を繰越商品勘定の「借方」と仕入勘定の「貸方」に記入します。最後に棚卸減耗（数量の減少）を把握して、棚卸減耗費勘定の「借方」と繰越商品勘定の「貸方」に記入します。

繰越商品勘定は資産ですから当期末の実際有高35,016（39,520＋36,840－39,520－1,824）を貸借対照表欄の「借方」に書き移します。仕入、棚卸減耗費勘定は費用ですから売上原価252,540（249,860＋39,520－36,840）と棚卸減耗費1,824を損益計算書欄の「借方」に書き移します。

③　減価償却費の計上

減価償却累計額		28,946		2,853				31,799
減 価 償 却 費			2,853		2,853			

当期の減価償却額を減価償却費勘定の「借方」と減価償却累計額勘定の「貸方」に記入します。

減価償却累計額勘定は建物のマイナス勘定ですから合計金額31,799（28,946＋2,853）を貸借対照表欄の「貸方」に書き移します。減価償却費勘定は費用ですから損益計算書欄の「借方」に書き移します。

棚卸表

1．棚卸表の作成

決算にあたって、企業の正しい経営成績や財政状態を示す資料を提供するため、期中の取引が記録されている総勘定元帳の各勘定残高に、一定の修正を加える手続きを**決算整理**といいます。

この決算整理を行う事がらを**決算整理事項**といい、この決算整理事項をひとまとめにした表を**棚卸表**といいます。

棚　　卸　　表

勘定科目	摘　　　要	内　　訳	金　　額
繰越商品	A商品　538,921個　@¥ 29,654	15,981,163,334	
	B商品　367,918個　@¥ 42,903	15,784,785,954	
	C商品　95,006個　@¥ 62,964	5,981,957,784	37,747,907,072
有価証券	南北商事㈱　72,485株　@¥ 83,425	6,047,061,125	
	評価益　@¥ 2,058	149,174,130	6,196,235,255
売掛金	期末帳簿残高	6,358,910,450	
	貸倒引当金　売掛金残高の２％	127,178,209	6,231,732,241
建物	１棟　取得原価	1,795,000,000	
	減価償却累計額　¥572,964,000		
	当期償却額（定率法）7.4%　¥ 90,430,664	663,394,664	1,131,605,336

2．決算整理事項と記入方法

繰越商品…期末日（決算日）に残存している商品の実際有高を記入します。

摘要欄：商品名、数量、単価（@）を記入します。

内訳欄：商品別に金額（数量×単価）を記入します。

金額欄：内訳欄の合計金額を記入します。

有価証券…有価証券の期末日（決算日）の時価を記入します。

摘要欄：最初の行に有価証券の銘柄、数量（株数）、単価（帳簿による単価）を記入します。
次の行に時価と帳簿価額との差額を記入します。帳簿価額よりも時価の方が大きければ「評価益」、逆に小さければ「評価損」とし、単価の差額を記入します。

内訳欄：内訳欄には、帳簿価額（数量×単価）と評価益または評価損（数量×単価差額）の額を記入します。

金額欄：「評価益」が生じている場合は、帳簿価額に評価益の額を加算、「評価損」が生じている場合は、帳簿価額から評価損を減算した金額を記入します。

売掛金…売掛金は期末日（決算日）の回収可能額を記入します。

摘要欄：最初の行に期末日の売掛金帳簿残高を記入します。次の行に貸倒引当金（回収不能見積額）の設定率を記入します。

内訳欄：期末日の帳簿残高と貸倒引当金（帳簿残高×設定率）の金額を記入します。

金額欄：帳簿残高から貸倒引当金を差し引いた金額を記入します。

有形固定資産…有形固定資産（建物、備品など）は期末日（決算日）の実質価値額を記入します。

摘要欄：最初の行に取得原価（取得したときの金額）を記入します。次の行に前期末までに計上した減価償却費の累計額を記入します。最後の行に当期の減価償却の方法と償却額を記入します。定率法の場合の計算式は、次のとおりです。

当期減価償却額＝（取得原価－減価償却累計額）×一定率

内訳欄：取得原価と当期末の減価償却累計額（減価償却累計額＋当期償却額）を記入します。

金額欄：取得原価から減価償却累計額を差し引いた金額を記入します。

商業計算

1．複利計算

(1)　複利終価

公式
複利終価＝元金×複利終価率
複利利息＝元金×(複利終価率－1)
期間に端数のある複利終価＝元金×複利終価率×(1＋利率×期間)

例題　*¥6,300,000*を年利率４％，半年１期の複利で７年７か月間貸すと，複利利息はいくらですか。ただし，端数期間は単利法による。(計算の最終で，円未満四捨五入)

【計算式】 ¥6,300,000×1.34586834×$(1+0.04\times\frac{1}{12})$－¥6,300,000＝¥2,207,234　**【解答】** ¥2,207,234

※端数金額に利息をつけない場合は複利終価率を用いて計算することはできない。

例題　*¥16,500,000*を年利率2.8％で７年間(１年１期の複利)借り入れた。５年目までの複利利息はいくらですか。ただし，*¥1,000*未満の端数には利息はつけないものとする。

【計算式】 ¥16,500,000×(1＋0.028)＝¥16,962,000 (1年目の複利終価)
¥16,962,000×(1＋0.028)＝¥17,436,936 (2年目の複利終価)
¥17,436,000×(1＋0.028)＋936＝¥17,925,144 (3年目の複利終価)
¥17,925,000×(1＋0.028)＋144＝¥18,427,044 (4年目の複利終価)
¥18,427,000×(1＋0.028)＋44＝¥18,943,000 (5年目の複利終価)
¥18,943,000－¥16,500,000＝¥2,443,000　**【解答】** ¥2,443,000

(2)　複利現価

公式
複利現価＝期日受払高×複利現価率
期間に端数のある複利現価＝期日受払高×複利現価率÷(1＋利率×期間)

例題　５年後に返済する約束の借入金*¥4,520,000*を，今支払うとすればいくらになりますか。ただし，年利率3.75％，１年１期の複利とする。(円未満四捨五入)

【計算式】 ¥4,520,000×0.83187768＝¥3,760,087　**【解答】** ¥3,760,087

例題　４年３か月後に受け取ることのできる*¥7,500,000*を，年4.75％，１年１期の複利で割り引くと現価はいくらですか。ただし，端数期間は単利法による。(計算の最終で*¥1,000*未満四捨五入)

【計算式】 ¥7,500,000×0.83058460÷$(1+0.0475\times\frac{3}{12})$＝¥6,156,000　**【解答】** ¥6,156,000

2. 複利による年金の計算

(1) 複利年金終価

公式 期末払複利年金終価＝年金額×複利年金終価率
期首払複利年金終価＝年金額×(1期多い複利年金終価率－1)

例題	毎年末に¥1,500,000ずつ8年間受け取る年金の終価はいくらですか。ただし，年利率4%，1年1期の複利とする。(円未満切り捨て)

【計算式】¥1,500,000×9.21422626＝¥13,821,339 【解答】¥13,821,339

例題	毎年はじめに¥480,000ずつ，10年間受け取る年金の終価はいくらですか。ただし，年利率4.5%，1年1期の複利とする。(円未満切り上げ)

【計算式】¥480,000×(13.84117879－1)＝¥6,163,766 【解答】¥6,163,766

(2) 複利年金現価

公式 期末払複利年金現価＝年金額×複利年金現価率
期首払複利年金現価＝年金額×(1期少ない複利年金現価率＋1)

例題	毎半年末に¥288,000ずつ，7年間支払われる年金の現価はいくらですか。ただし，年利率7%，半年1期の複利とする。(円未満切り捨て)

【計算式】¥288,000×10.92052028＝¥3,145,109 【解答】¥3,145,109

例題	毎年はじめに¥230,000ずつ8年間支払う負債を，いま一時に支払うと，その金額はいくらですか。ただし，年利率4.5%，1年1期の複利とする。(円未満四捨五入)

【計算式】¥230,000×(5.89270094＋1)＝¥1,585,321 【解答】¥1,585,321

(3) 年賦金

公式
期末払年賦金＝負債額×賦金率
期首払年賦金＝負債額×賦金率÷(1＋利率)
支払利息＝期首未済元金×利率
元金償還額＝年賦金－支払利息
次期首未済元金＝期首未済元金－元金償還高

例題 ¥3,600,000を年利率4.5％で借り入れ，毎年末に等額ずつ支払って，15年で返済したい。この場合いくらずつ返済すればよいですか。ただし，1年1期の複利とする。(円未満四捨五入)

【計算式】 ¥3,600,000×0.09311381＝¥335,210　　**【解答】** ¥335,210

例題 ¥3,000,000を年利率7％で借り入れ，毎半年はじめに等額ずつ支払って，5年間で返済したい。この場合，いくらずつ返済すればよいですか。ただし，半年1期の複利とする。(円未満四捨五入)

【計算式】 ¥3,000,000×0.12024137÷(1＋0.035)＝¥348,526　　**【解答】** ¥348,526

例題 ¥5,000,000を年利率4％で4年間(1年1期)の複利で借り入れた。毎年末に均等額ずつ返済する年賦償還表を完成しなさい。(年賦金および毎期支払利息は円未満四捨五入し，過不足は最終利息で調整すること。)

年賦償還表

期数	期首未済元金	年賦金	毎期支払利息	元金償還額
1	¥ 5,000,000	¥	¥	¥
2	¥	¥	¥	¥
3	¥	¥	¥	¥
4	¥	¥	¥	¥
計	—	¥	¥	¥

【計算式】 ¥5,000,000×0.27549005＝¥1,377,450 (1～4期の年賦金)
¥5,000,000×0.04＝¥200,000 (1期支払利息)
¥1,377,450－¥200,000＝¥1,177,450 (1期元金償還額)
¥5,000,000－¥1,177,450＝¥3,822,550 (2期首未済元金)
¥3,822,550×0.04＝¥152,902 (2期支払利息)
¥1,377,450－¥152,902＝¥1,224,548 (2期元金償還額)
¥3,822,550－¥1,224,548＝¥2,598,002 (3期首未済元金)
¥2,598,002×0.04＝¥103,920 (3期支払利息)
¥1,377,450－¥103,920＝¥1,273,530 (3期元金償還額)
¥2,598,002－¥1,273,530＝¥1,324,472 (4期首未済元金)
¥1,377,450×4＝¥5,509,800 (年賦金計)
¥5,509,800－¥5,000,000 (元金償還額計)＝¥509,800 (毎期支払利息計)
¥509,800－¥200,000－¥152,902－¥103,920＝¥52,978 (4期支払利息)
¥1,377,450－¥52,978＝¥1,324,472 (4期元金償還額)

例題

7億円を年利率６％で４年間（１年１期）の複利で借り入れた。毎年はじめに均等額ずつ返済する年賦償還表を完成しなさい。（年賦金および毎期支払利息は円未満四捨五入し，過不足は最終利息で調整すること。）

年　賦　償　還　表

期数	期首未済元金	年　賦　金	毎期支払利息	元金償還額
1	¥ 700,000,000	¥	¥	¥
2	¥	¥	¥	¥
3	¥	¥	¥	¥
4	¥	¥	¥	¥
計	――	¥	¥	¥

【計算式】 ¥700,000,000×0.28859149÷(1+0.06)＝¥190,579,286 (1～4期の年賦金)
¥190,579,286×4＝¥762,317,144 (年賦金計)
¥762,317,144－¥700,000,000 (元金償還額計)＝¥62,317,144 (毎期支払利息計)
(¥700,000,000－¥190,579,286)×0.06＝¥30,565,243 (1期支払利息)
¥190,579,286－¥30,565,243＝¥160,014,043 (1期元金償還額)
¥700,000,000－¥160,014,043＝¥539,985,957 (2期首未済元金)
(¥539,985,957－¥190,579,286)×0.06＝¥20,964,400 (2期支払利息)
¥190,579,286－¥20,964,400＝¥169,614,886 (2期元金償還額)
¥539,985,957－¥169,614,886＝¥370,371,071 (3期首未済元金)
¥62,317,144－¥30,565,243－¥20,964,400＝¥10,787,501 (3期支払利息)
¥190,579,286－¥10,787,501＝¥179,791,785 (3期元金償還額)
¥370,371,071－¥179,791,785＝¥190,579,286 (4期首未済元金)
(¥190,579,286－¥190,579,286)×0.06＝¥0 (4期支払利息)
¥190,579,286－¥0＝¥190,579,286 (4期元金償還額)

(4) 積立金

公式
期末払積立金＝積立金総額×(賦金率－利率)
期首払積立金＝積立金総額×(賦金率－利率)÷(1＋利率)
毎期積立利息＝前期積立金合計高×利率
積立金増加高＝積立金＋毎期積立金利息
積立金合計高＝積立金増加高＋前期積立金合計高

例題 毎年末に等額ずつ積み立てて，10年後に¥3,000,000を得たい。年利率4％，1年1期の複利とすれば，毎期いくらの金額を積み立てればよいですか。(円未満切り捨て)

【計算式】 ¥3,000,000×(0.12329094－0.04)＝¥249,872 **【解答】** ¥249,872

例題 毎年はじめに等額ずつ積み立て，15年後に¥20,000,000を得たい。年利率4％，1年1期の複利とすれば，毎期いくらの金額を積み立てればよいですか。(円未満四捨五入)

【計算式】 ¥20,000,000×(0.08994110－0.04)÷(1＋0.04)＝¥960,406 **【解答】** ¥960,406

例題 4年後に6億円を得るため，今後毎年末等額ずつ積立てる場合の積立金表を完成しなさい。ただし，年利率5％、1年1期の複利とする。(円未満四捨五入，過不足は最終の毎期積立利息で調整すること)

積　立　金　表　　　　積立金目標額　6億円

期数	積　立　金	毎期積立利息	積立金増加高	積立金合計高
1	¥	¥	¥	¥
2	¥	¥	¥	¥
3	¥	¥	¥	¥
4	¥	¥	¥	¥
計	¥	¥	¥	—

【計算式】 ¥600,000,000×(0.28201183－0.05)＝¥139,207,098(1～4期の積立金、1期積立金増加高、1期積立金合計高)
¥139,207,098×0.05＝¥6,960,355(2期積立利息)
¥139,207,098＋¥6,960,355＝¥146,167,453(2期積立金増加高)
¥139,207,098＋¥146,167,453＝¥285,374,551(2期積立金合計高)
¥285,374,551×0.05＝¥14,268,728(3期積立利息)
¥139,207,098＋¥14,268,728＝¥153,475,826(3期積立金増加高)
¥285,374,551＋¥153,475,826＝¥438,850,377(3期積立金合計高)
¥139,207,098×4＝¥556,828,392(積立金計)
¥600,000,000(積立金増加高計)－¥556,828,392＝¥43,171,608(毎期積立利息計)
¥43,171,608－¥6,960,355－¥14,268,728＝¥21,942,525(4期積立利息)
¥139,207,098＋¥21,942,525＝¥161,149,623(4期積立金増加高)
¥438,850,377＋¥161,149,623＝¥600,000,000(4期積立金合計高)

例題

５年後に*3*億円を得るため，今後毎年はじめに等額ずつ積立てる場合の積立金表を完成しなさい。ただし，年利率5.5％、１年１期の複利とする。（円未満四捨五入，過不足は最終の毎期積立利息で調整すること）

積　立　金　表　　　　積立金目標額　*3*億円

期数	積　立　金	毎期積立利息	積立金増加高	積立金合計高
1	￥	￥	￥	￥
2	￥	￥	￥	￥
3	￥	￥	￥	￥
4	￥	￥	￥	￥
5	￥	￥	￥	￥
計	￥	￥	￥	―

【計算式】 ¥300,000,000×(0.23417644−0.055)÷(1＋0.055)＝¥50,950,646 (1〜5期の積立金)
¥50,950,646×0.055＝¥2,802,286 (1期積立利息)
¥50,950,646＋¥2,802,286＝¥53,752,932 (1期積立金増加高、1期積立金合計高)
¥53,752,932×0.055＋¥2,802,286＝¥5,758,697 (2期積立利息)
¥50,950,646＋¥5,758,697＝¥56,709,343 (2期積立金増加高)
¥56,709,343＋¥53,752,932＝¥110,462,275 (2期積立金合計高)
¥110,462,275×0.055＋¥2,802,286＝¥8,877,711 (3期積立利息)
¥50,950,646＋¥8,877,711＝¥59,828,357 (3期積立金増加高)
¥59,828,357＋¥110,462,275＝¥170,290,632 (3期積立金合計高)
¥170,290,632×0.055＋¥2,802,286＝¥12,168,271 (4期積立利息)
¥50,950,646＋¥12,168,271＝¥63,118,917 (4期積立金増加高)
¥63,118,917＋¥170,290,632＝¥233,409,549 (4期積立金合計高)
¥50,950,646×5＝¥254,753,230 (積立金計)
¥300,000,000 (積立金増加高計)−¥254,753,230＝¥45,246,770 (毎期積立利息計)
¥45,246,770−¥2,802,286−¥5,758,697−¥8,877,711−¥12,168,271＝¥15,639,805 (5期積立利息)
¥50,950,646＋¥15,639,805＝¥66,590,451 (5期積立金増加高)
¥66,590,451＋¥233,409,549＝¥300,000,000 (5期積立金合計高)

3. 減価償却費の計算

(1) 定額法

公式 毎期償却額＝(取得価額－残存価額)×定額法による償却率
n期末減価償却累計額＝毎期償却額×n
n期首帳簿価額＝取得価額－{毎期償却額×(n期－1)}

例題

取得価額¥1,000,000 残存価額がゼロ，耐用年数5年の備品を，定額法による償却率を用いて償却する場合の減価償却計算表を作成しなさい。ただし，決算は年1回とする。(円未満切捨て)

減 価 償 却 計 算 表

期数	期首帳簿価額	毎期償却額	減価償却累計額
1	¥ 1,000,000	¥	¥
2	¥	¥	¥
3	¥	¥	¥
4	¥	¥	¥
5	¥	¥	¥

【計算式】 定額法償却率(耐用年数5年)…0.200

¥1,000,000×0.200＝¥200,000(毎期償却額、1期末減価償却累計額)
¥200,000×2＝¥400,000(2期末減価償却累計額)
¥200,000×3＝¥600,000(3期末減価償却累計額)
¥200,000×4＝¥800,000(4期末減価償却累計額)
¥200,000×5＝¥1,000,000(5期末減価償却累計額)
¥1,000,000－¥200,000＝¥800,000(2期首帳簿価額)
¥800,000－¥200,000＝¥600,000(3期首帳簿価額)
¥600,000－¥200,000＝¥400,000(4期首帳簿価額)
¥400,000－¥200,000＝¥200,000(5期首帳簿価額)

例題

耐用年数50年，残存価額がゼロの建物を，定額法で償却したら第31期期首の帳簿価額は¥12,000,000であった。この建物の取得原価はいくらですか。ただし，決算は年1回とする。

【計算式】 定額法償却率(耐用年数50年)…0.020

x－x×0.020×30＝¥12,000,000
x＝¥30,000,000

【解答】 ¥30,000,000

(2) 定率法

公式 n期末償却額＝n期首帳簿価額×定率法による償却率
次期首帳簿価額＝前期首帳簿価額－前期末償却額
＝前期首帳簿価額×(1－定率法による償却率)

例題

取得価額￥1,000,000　残存価額がゼロ，耐用年数4年の資産を，定率法による償却率を用いて償却する場合の減価償却計算表を作成しなさい。ただし，決算は年1回とする。(円未満切捨て)

減　価　償　却　計　算　表

期数	期首帳簿価額	毎期償却額	減価償却累計額
1	￥　1,000,000	￥	￥
2	￥	￥	￥
3	￥	￥	￥
4	￥	￥	￥

【計算式】 定額法償却率(耐用年数4年)…0.500
￥1,000,000×0.500＝￥500,000 (1期償却額、1期末減価償却累計額)
￥1,000,000－￥500,000＝￥500,000 (2期首帳簿価額)
￥500,000×0.500＝￥250,000 (2期償却額)
￥500,000＋￥250,000＝￥750,000 (2期末減価償却累計額)
￥500,000－￥250,000＝￥250,000 (3期首帳簿価額)
￥250,000×0.500＝￥125,000 (3期償却額)
￥750,000＋125,000＝￥875,000 (3期末減価償却累計額)
￥250,000－￥125,000＝￥125,000 (4期首帳簿価額)
￥125,000×0.500＝￥62,500 (4期償却額)
￥875,000＋￥62,500＝￥937,500 (4期末減価償却累計額)

例題

耐用年数6年，残存価額がゼロの備品を定率法で償却したら第3期期首の帳簿価額は￥2,669,334であった。この備品の取得原価はいくらですか。ただし，決算は年1回とする。

【計算式】 定率法償却率(耐用年数6年)…0.333
x－0.333x－(x－0.333x)×0.333＝￥2,669,334
x＝￥2,669,334÷(1－0.333)÷(1－0.333)＝￥6,000,000　　**【解答】** ￥6,000,000

例題

耐用年数8年，残存価額がゼロの機械を定率法で償却してきたが，第3期の減価償却費は￥1,125,000であった。この機械の取得原価はいくらですか。ただし，決算は年1回とする。

【計算式】 定率法償却率(耐用年数8年)…0.250
0.25x (1期末償却額)
(x－0.25x)×0.25＝0.1875x (2期末償却額)
(x－0.25x－0.1875x)×0.25＝0.140625x (3期末償却額)
0.140625x＝1,125,000　x＝8,000,000　　**【解答】** ￥8,000,000

(3) 生産高比例法

公式 毎期償却額＝(取得価額－残存価額)×$\frac{毎期生産高}{予定総生産高}$

例題 取得価額¥24,000,000　残存価額がゼロ　推定埋蔵量150,000 t の鉱区の今期採掘量が8,500 t であると，生産高比例法による償却額はいくらになりますか。

【計算式】 ¥24,000,000×$\frac{8,500}{150,000}$＝¥1,360,000　**【解答】** ¥1,360,000

4. 利付債券の売買

公式 売買価額＝市場価格＋経過利子

市場価額＝単価×$\frac{額面金額}{¥100}$

経過利子＝額面金額×年利率×$\frac{経過日数}{¥100}$　※経過日数は、前の利払日から売買当日までの日数

例題 4.75％利付社債，額面¥5,000,000を１月19日に時価¥99.80で買い入れた。買入代金はいくらですか。ただし，利払期日は毎年４月と10月の各25日である。(経過日数は片落し，経過利息の円未満は切り捨て)

【計算式】 (¥5,000,000×99.80÷100)＋(¥5,000,000×0.0475×86÷365)＝¥5,045,958

【解答】 ¥5,045,958

例題 令和×年４月１日発行，3.5％利付社債，額面¥12,000,000を第３回目の利払日の後に¥98.65で買い入れ，買入代金¥12,006,000を支払った。買い入れたのは何月何日ですか。ただし，利払い日は毎年９月と３月の末日である。(経過日数は片落し，経過利子の円未満切り捨て)

【計算式】 12,006,000－12,000,000×$\frac{98.65}{100}$＝168,000

12,000,000×0.035×$\frac{x}{365}$＝168,000

x＝365×168,000÷12,000,000÷0.035＝146　9月末日の146日後なので2月23日

【解答】 2月23日

5. 株式の利回り

公式 利回り＝年配当金÷時価又は買入価額

例題 中野物産株式会社の株式の時価は，１株¥1,521である。利回りはいくらですか。ただし，額面は¥1,000で，予想配当金は１株につき年¥170である。(パーセントの小数第１位未満四捨五入)

【計算式】 ¥170÷¥1,521＝0.112　**【解答】** 11.2%

例題 中野商事株式会社の株式の現在の時価は，１株¥4,308であり，予想配当金は１株につき年¥110である。同社の株式の希望利回りが年2.5％になるようにするには，１株いくらで買い入れたらよいですか。(円未満切り捨て)

【計算式】 ¥110÷0.025＝¥4,400　**【解答】** ¥4,400

6. 財務分析

(1) 静態比率

公式

$$流動比率=\frac{流動資産}{流動負債}\times 100 \qquad 当座比率=\frac{当座資産}{流動負債}\times 100$$

$$固定比率=\frac{固定資産}{自己資本}\times 100 \qquad 負債比率=\frac{負債総額}{自己資本}\times 100$$

例題 甲工業株式会社の令和×年度期末における流動資産合計は¥111,000,000，固定資産合計は¥60,000,000，流動負債合計は¥51,780,000，固定負債合計は¥23,000,000，純資産合計は¥96,220,000であった。流動比率，固定比率，負債比率はそれぞれいくらですか。(パーセントの小数第2位未満四捨五入)

【計算式】流動比率：$\frac{¥111,000,000}{¥51,780,000}\times 100=214.37$ 【解答】214.37%

固定比率：$\frac{¥60,000,000}{¥96,220,000}\times 100=62.36$ 【解答】62.36%

負債比率：$\frac{¥51,780,000+¥23,000,000}{¥96,220,000}\times 100=77.72$ 【解答】77.72%

例題 乙株式会社の令和×年度期末における流動資産合計は¥1,800,000,000，固定資産合計は¥3,250,000,000，流動負債合計は¥　?　，固定負債合計は¥2,100,000,000，純資産合計は¥1,500,000,000であった。また，流動資産のうち，現金預金，売上債権，有価証券などの当座資産合計は¥1,200,000,000であった。当座比率はいくらですか。(パーセントの小数第2位未満四捨五入)

【計算式】(¥1,800,000,000＋¥3,250,000,000)－(¥2,100,000,000＋¥1,500,000,000)＝¥1,450,000,000

$\frac{¥1,200,000,000}{¥1,450,000,000}\times 100=82.76$ 【解答】82.76%

(2) 動態比率

公式

$$商品回転率=\frac{売上高}{(期首商品棚卸高+期末商品棚卸高)\div 2} \qquad 受取勘定回転率=\frac{売上高}{受取勘定}$$

$$固定資産回転率=\frac{売上高}{固定資産} \qquad 総資本回転率=\frac{売上高}{総資本}$$

例題 株式会社Aの令和×年度中における純売上高は¥650,000,000であった。同社の同年末の受取手形勘定残高¥20,000,000，同売掛金勘定残高¥37,000,000であったとすると，受取勘定回転率はいくらですか。なお，同社期末には割引に付した手形はなかった。(小数点以下第1位未満四捨五入)

【計算式】$\frac{¥650,000,000}{¥20,000,000+¥37,000,000}=11.4$ 【解答】11.4回転

例題 上の例題において，期首商品棚卸高¥57,180,200，期末商品棚卸高¥58,570,600，固定資産合計¥90,630,100，負債合計¥110,526,350，純資産合計¥128,202,250のとき，商品回転率，固定資産回転率，総資本回転率はいくらですか。(小数点以下第1位未満四捨五入)

【計算式】商品回転率：$\frac{¥650,000,000}{(¥57,180,200+¥58,570,600)\div 2}=11.2$ 【解答】11.2回転

固定資産回転率：$\frac{¥650,000,000}{¥90,630,100}=7.2$ 【解答】7.2回転

総資本回転率：$\frac{¥650,000,000}{¥110,526,350+¥128,202,250}=2.7$ 【解答】2.7回転

伝票算

■ 伝票算は、入金伝票9枚と出金伝票6枚の合計15枚が順不同に綴じられています。A～Dの商品ごとの合計金額と、入金伝票の合計金額、および入金伝票合計と出金伝票合計の差額を求める問題が出題されます。(検定試験では解答欄は5か所ですので、A～Dの商品のうち、3つを解答します。)

■ 各ページには、金額が（　　）となっている箇所がある場合があります。その際には各自で（　　）の金額を計算する必要があります。

■ A商品の合計金額を計算するには、伝票をめくりながらA商品の金額だけをたし算します。(B、C、D商品の合計金額を計算するのも同様です。)

■ 入金伝票合計と出金伝票合計の差額を計算するには、入金伝票合計－出金伝票合計の計算を独立メモリー内で行います。

【例題】 次の計算をしなさい。

(1) A商品の現金売上合計はいくらですか。　　解答 ¥ a

(2) B商品の現金売上合計はいくらですか。　　解答 ¥ b

(3) D商品の現金売上合計はいくらですか。　　解答 ¥ c

(4) 入金伝票の合計はいくらですか。　　解答 ¥ d

(5) 入金伝票合計と出金伝票合計の差額はいくらですか。　　解答 ¥ e

入金伝票 No 1　○年 ○月 ○日　承認印 主帳印 会計印 係印

科目 売上　入金先 ○○商店 殿

摘要	金額
A 商品	50
B 商品	160
C 商品	(　　)
D 商品	240
合計	760

入金伝票 No 3　○年 ○月 ○日　承認印 主帳印 会計印 係印

科目 売上　入金先 ○○商店 殿

摘要	金額
A 商品	80
B 商品	80
C 商品	150
D 商品	50
合計	(　　)

出金伝票 No 2　○年 ○月 ○日　承認印 主帳印 会計印 係印

科目 仕入　支払先 ○○商店 殿

摘要	金額
A 商品	60
B 商品	120
C 商品	100
D 商品	90
合計	370

出金伝票 No 4　○年 ○月 ○日　承認印 主帳印 会計印 係印

科目 仕入　支払先 ○○商店 殿

摘要	金額
A 商品	(　　)
B 商品	160
C 商品	40
D 商品	90
合計	340

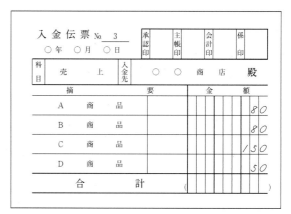

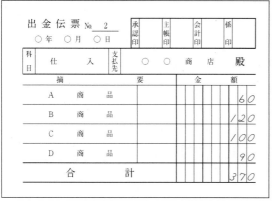

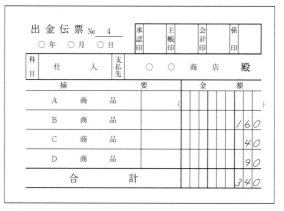

計算実務検定試験数表

複 利 終 価 表

n \ i	1.5 %	1.75 %	2 %	2.5 %	2.75 %	3 %	3.5 %	3.75 %	4 %	4.5 %
1	1.015	1.0175	1.02	1.025	1.0275	1.03	1.035	1.0375	1.04	1.045
2	1.0302 25	1.0353 0625	1.0404	1.0506 25	1.0557 5625	1.0609	1.0712 25	1.0764 0625	1.0816	1.0920 25
3	1.0456 7838	1.0534 2411	1.0612 08	1.0768 9063	1.0847 8955	1.0927 27	1.1087 1788	1.1167 7148	1.1248 64	1.1411 6613
4	1.0613 6355	1.0718 5903	1.0824 3216	1.1038 1289	1.1146 2126	1.1255 0881	1.1475 2300	1.1586 5042	1.1698 5856	1.1925 1860
5	1.0772 8400	1.0906 1656	1.1040 8080	1.1314 0821	1.1452 7334	1.1592 7407	1.1876 8631	1.2020 9981	1.2166 5290	1.2461 8194
6	1.0934 4326	1.1097 0235	1.1261 6242	1.1596 9342	1.1767 6836	1.1940 5230	1.2292 5533	1.2471 7855	1.2653 1902	1.3022 6012
7	1.1098 4491	1.1291 2215	1.1486 8567	1.1886 8575	1.2091 2949	1.2298 7387	1.2722 7926	1.2939 4774	1.3159 3178	1.3608 6183
8	1.1264 9259	1.1488 8178	1.1716 5938	1.2184 0290	1.2423 8055	1.2667 7008	1.3168 0904	1.3424 7078	1.3685 6905	1.4221 0061
9	1.1433 8998	1.1689 8721	1.1950 9257	1.2488 6297	1.2765 4602	1.3047 7318	1.3628 9735	1.3928 1344	1.4233 1181	1.4860 9514
10	1.1605 4083	1.1894 4449	1.2189 9442	1.2800 8454	1.3116 5103	1.3439 1638	1.4105 9876	1.4450 4394	1.4802 4428	1.5529 6942
11	1.1779 4894	1.2102 5977	1.2433 7431	1.3120 8666	1.3477 2144	1.3842 3387	1.4599 6972	1.4992 3309	1.5394 5406	1.6228 5305
12	1.1956 1817	1.2314 3931	1.2682 4179	1.3448 8882	1.3847 8378	1.4257 6089	1.5110 6866	1.5554 5433	1.6010 3222	1.6958 8143
13	1.2135 5244	1.2529 8950	1.2936 0663	1.3785 1104	1.4228 6533	1.4685 3371	1.5639 5606	1.6137 8387	1.6650 7351	1.7721 9610
14	1.2317 5573	1.2749 1682	1.3194 7876	1.4129 7382	1.4619 9413	1.5125 8972	1.6186 9452	1.6743 0076	1.7316 7645	1.8519 4492
15	1.2502 3207	1.2972 2786	1.3458 6834	1.4482 9817	1.5021 9896	1.5579 6742	1.6753 4883	1.7370 8704	1.8009 4351	1.9352 8244

n \ i	4.75 %	5 %	5.5 %	6 %	6.5 %	7 %	7.5 %	8 %	8.5 %	9 %
1	1.0475	1.05	1.055	1.06	1.065	1.07	1.075	1.08	1.085	1.09
2	1.0972 5625	1.1025	1.1130 25	1.1236	1.1342 25	1.1449	1.1556 25	1.1664	1.1772 25	1.1881
3	1.1493 7592	1.1576 25	1.1742 4138	1.1910 16	1.2079 4963	1.2250 43	1.2422 9688	1.2597 12	1.2772 8913	1.2950 29
4	1.2039 7128	1.2155 0625	1.2388 2465	1.2624 7696	1.2864 6635	1.3107 9601	1.3354 6914	1.3604 8896	1.3858 5870	1.4115 8161
5	1.2611 5991	1.2762 8156	1.3069 6001	1.3382 2558	1.3700 8666	1.4025 5173	1.4356 2933	1.4693 2808	1.5036 5669	1.5386 2395
6	1.3210 6501	1.3400 9564	1.3788 4281	1.4185 1911	1.4591 4230	1.5007 3035	1.5433 0153	1.5868 7432	1.6314 6751	1.6771 0011
7	1.3838 1560	1.4071 0042	1.4546 7916	1.5036 3026	1.5539 8655	1.6057 8148	1.6590 4914	1.7138 2427	1.7701 4225	1.8280 3912
8	1.4495 4684	1.4774 5544	1.5346 8651	1.5938 4807	1.6549 9567	1.7181 8618	1.7834 7783	1.8509 3021	1.9206 0434	1.9925 6264
9	1.5184 0031	1.5513 2822	1.6190 9427	1.6894 7896	1.7625 7039	1.8384 5921	1.9172 3866	1.9990 0463	2.0838 5571	2.1718 9328
10	1.5905 2433	1.6288 9463	1 7081 4446	1.7908 4770	1.8771 3747	1.9671 5136	2.0610 3156	2.1589 2500	2.2609 8344	2.3673 6367
11	1.6660 7423	1.7103 3936	1.8020 9240	1.8982 9856	1.9991 5140	2.1048 5195	2.2156 0893	2.3316 3900	2.4531 6703	2.5804 2641
12	1.7452 1276	1.7958 5633	1.9012 0749	2.0121 9647	2.1290 9624	2.2521 9159	2.3817 7960	2.5181 7012	2.6616 8623	2.8126 6478
13	1.8281 1037	1.8856 4914	2.0057 7390	2.1329 2826	2.2674 8750	2.4098 4500	2.5604 1307	2.7196 2373	2.8879 2956	3.0658 0461

年　金　終　価　表

n＼i	3 %	3.5 %	4 %	4.5 %	5 %	5.5 %	6 %	7 %	8 %	9 %
1	1	1	1	1	1	1	1	1	1	1
2	2. 03	2. 035	2. 04	2. 045	2. 05	2. 055	2. 06	2. 07	2. 08	2. 09
3	3. 0909	3. 1062 25	3. 1216	3. 1370 25	3. 1525	3. 1680 25	3. 1836	3. 2149	3. 2464	3. 2781
4	4. 1836 27	4. 2149 4288	4. 2464 64	4. 2781 9113	4. 3101 25	4. 3422 6638	4. 3746 16	4. 4399 43	4. 5061 12	4. 5731 29
5	5. 3091 3581	5. 3624 6588	5. 4163 2256	5. 4707 0973	5. 5256 3125	5. 5810 9103	5. 6370 9296	5. 7507 3901	5. 8666 0096	5. 9847 1061
6	6. 4684 0988	6. 5501 5218	6. 6329 7546	6. 7168 9166	6. 8019 1281	6. 8880 5103	6. 9753 1854	7. 1532 9074	7. 3359 2904	7. 5233 3456
7	7. 6624 6218	7. 7794 0751	7. 8982 9448	8. 0191 5179	8. 1420 0845	8. 2668 9384	8. 3938 3765	8. 6540 2109	8. 9228 0336	9. 2004 3468
8	8. 8923 3605	9. 0516 8677	9. 2142 2626	9. 3800 1362	9. 5491 0888	9. 7215 7300	9. 8974 6791	10. 2598 0257	10. 6366 2763	11. 0284 7380
9	10. 1591 0613	10. 3684 9581	10. 5827 9531	10. 8021 1423	11. 0265 6432	11. 2562 5951	11. 4913 1598	11. 9779 8875	12. 4875 5784	13. 0210 3644
10	11. 4638 7931	11. 7313 9316	12. 0061 0712	12. 2882 0937	12. 5778 9254	12. 8753 5379	13. 1807 9494	13. 8164 4796	14. 4865 6247	15. 1929 2972
11	12. 8077 9569	13. 1419 9192	13. 4863 5141	13. 8411 7879	14. 2067 8716	14. 5834 9825	14. 9716 4264	15. 7835 9932	16. 6454 8746	17. 5602 9339
12	14. 1920 2956	14. 6019 6164	15. 0258 0546	15. 4640 3184	15. 9171 2652	16. 3855 9065	16. 8699 4120	17. 8884 5127	18. 9771 2646	20. 1407 1980
13	15. 6177 9045	16. 1130 3030	16. 6268 3768	17. 1599 1327	17. 7129 8285	18. 2867 9814	18. 8821 3767	20. 1406 4286	21. 4952 9658	22. 9533 8458
14	17. 0863 2416	17. 6769 8636	18. 2919 1119	18. 9321 0937	19. 5986 3199	20. 2925 7203	21. 0150 6593	22. 5504 8786	24. 2149 2030	26. 0191 8919
15	18. 5989 1389	19. 2956 8088	20. 0235 8764	20. 7840 5429	21. 5785 6359	22. 4086 6350	23. 2759 6988	25. 1290 2201	27. 1521 1393	29. 3609 1622

年　金　現　価　表

n＼i	3 %	3.5 %	4 %	4.5 %	5 %	5.5 %	6 %	7 %	8 %	9 %
1	0. 9708 7379	0. 9661 8357	0. 9615 3846	0. 9569 3780	0. 9523 8095	0. 9478 6730	0. 9433 9623	0. 9345 7944	0. 9259 2593	0. 9174 3119
2	1. 9134 6970	1. 8996 9428	1. 8860 9467	1. 8726 6775	1. 8594 1043	1. 8463 1971	1. 8333 9267	1. 8080 1817	1. 7832 6475	1. 7591 1119
3	2. 8286 1135	2. 8016 3698	2. 7750 9103	2. 7489 6435	2. 7232 4803	2. 6979 3338	2. 6730 1195	2. 6243 1604	2. 5770 9699	2. 5312 9467
4	3. 7170 9840	3. 6730 7921	3. 6298 9522	3. 5875 2570	3. 5459 5050	3. 5051 5012	3. 4651 0561	3. 3872 1126	3. 3121 2684	3. 2397 1988
5	4. 5797 0719	4. 5150 5238	4. 4518 2233	4. 3899 7674	4. 3294 7667	4. 2702 8448	4. 2123 6379	4. 1001 9744	3. 9927 1004	3. 8896 5126
6	5. 4171 9144	5. 3285 5302	5. 2421 3686	5. 1578 7248	5. 0756 9206	4. 9955 3031	4. 9173 2433	4. 7665 3966	4. 6228 7966	4. 4859 1859
7	6. 2302 8296	6. 1145 4398	6. 0020 5467	5. 8927 0094	5. 7863 7340	5. 6829 6712	5. 5823 8144	5. 3892 8940	5. 2063 7006	5. 0329 5284
8	7. 0196 9219	6. 8739 5554	6. 7327 4487	6. 5958 8607	6. 4632 1276	6. 3345 6599	6. 2097 9381	5. 9712 9851	5. 7466 3894	5. 5348 1911
9	7. 7861 0892	7. 6076 8651	7. 4353 3161	7. 2687 9050	7. 1078 2168	6. 9521 9525	6. 8016 9227	6. 5152 3225	6. 2468 8791	5. 9952 4689
10	8. 5302 0284	8. 3166 0532	8. 1108 9578	7. 9127 1818	7. 7217 3493	7. 5376 2583	7. 3600 8705	7. 0235 8154	6. 7100 8140	6. 4176 5770
11	9. 2526 2411	9. 0015 5104	8. 7604 7671	8. 5289 1692	8. 3064 1422	8. 0925 3633	7. 8868 7458	7. 4986 7434	7. 1389 6426	6. 8051 9055
12	9. 9540 0399	9. 6633 3433	9. 3850 7376	9. 1185 8078	8. 8632 5164	8. 6185 1785	8. 3838 4394	7. 9426 8630	7. 5360 7802	7. 1607 2528
13	10. 6349 5533	10. 3027 3849	9. 9856 4785	9. 6828 5242	9. 3935 7299	9. 1170 7853	8. 8526 8296	8. 3576 5074	7. 9037 7594	7. 4869 0392
14	11. 2960 7314	10. 9205 2028	10. 5631 2293	10. 2228 2528	9. 8986 4094	9. 5896 4790	9. 2949 8393	8. 7454 6799	8. 2442 3698	7. 7861 5039
15	11. 9379 3509	11. 5174 1090	11. 1183 8743	10. 7395 4573	10. 3796 5804	10. 0375 8094	9. 7122 4899	9. 1079 1401	8. 5594 7869	8. 0606 8843

主催　社団法人　全国経理教育協会　　後援　文部科学省

第１回計算実務能力検定模擬試験

試験場校

受験番号

採　　点

制限時間50分

１　　級

帳票計算

第１問　次の精算表を完成しなさい。(20点)

精　　算　　表

勘定科目	試算表 借方	試算表 貸方	修正記入 借方	修正記入 貸方	損益計算書 借方	損益計算書 貸方	貸借対照表 借方	貸借対照表 貸方
現金	(　　)						2,778,602	
当座預金	5,254,947						(　　)	
受取手形	(　　)						26,874,000	
売掛金	68,530,500						(　　)	
貸倒引当金		(　　)	(　　)	(　　)				(　　)
繰越商品	37,194,350		(　　)	(　　)				
				15,070			35,820,000	
備品	4,500,000						(　　)	
減価償却累計額		2,025,000		(　　)				(　　)
支払手形		(　　)						38,306,473
買掛金		(　　)						45,164,044
借入金		(　　)						3,744,000
資本金		(　　)						(　　)
利益準備金		(　　)						5,850,000
繰越利益剰余金		(　　)						736,830
売上		668,578,860				(　　)		
仕入	(　　)		(　　)	(　　)	585,158,595			
営業費	80,246,931				(　　)			
支払利息	821,354				(　　)			

商　業　計　算　解答にあたり，数表を利用できるものについては，最も適当な数表を選択し解答すること。

第１問　次の計算をしなさい。(32点)

(1)　¥16,500,000 を年利2.8%で７年間（１年１期の複利）借り入れた。５年目までの複利利息はいくらですか。ただし，¥1,000 未満の端数には利息をつけないものとする。

答　¥

(2)　毎年はじめに¥230,000 ずつ８年間支払う負債を，いま一時に支払うと，その金額はいくらですか。ただし，年利率4.5%，１年１期の複利とする。(円未満四捨五入)

答　¥

(3)　毎年末に¥1,500,000 ずつ８年間受け取る年金の終価はいくらですか。ただし，年利率４%，１年１期の複利とする。(円未満切り捨て)

答　¥

(4)　旭工業株式会社の令和×年度期末における流動資産合計は¥1,350,907,000，固定資産合計は¥1,472,306,000，流動負債合計は¥654,763,000，固定負債合計は¥1,115,326,000，純資産合計は¥1,053,124,000 であった。流動比率はいくらですか。(パーセントの小数第２位未満四捨五入)

答　%

(5)　¥3,000,000を年利率７%で借り入れ，毎半年はじめに等額ずつ支払って，５年で返済したい。この場合，いくらずつ返済すればよいですか。ただし，半年１期の複利とする。(円未満四捨五入)

答　¥

主催　社団法人　全国経理教育協会　　後援　文部科学省

第２回計算実務能力検定模擬試験

１　級

試験場校

受験番号

採　点

制限時間50分

帳票計算

第１問　次の精算表を完成しなさい。（20点）

精　　算　　表

勘定科目	試算表 借方	試算表 貸方	修正記入 借方	修正記入 貸方	損益計算書 借方	損益計算書 貸方	貸借対照表 借方	貸借対照表 貸方
現金	2,244,321						(　)	
当座預金	(　)						4,291,412	
受取手形	24,234,000						(　)	
売掛金	(　)						38,766,000	
貸倒引当金		(　)	(　)	(　)				(　)
繰越商品	(　)		(　)	28,864,548				
				(　)			27,870,688	
備品	4,200,000						(　)	
減価償却累計額		1,890,000		(　)				2,835,000
支払手形		(　)						26,087,689
買掛金		18,372,830						(　)
借入金		6,165,600						(　)
資本金		(　)						(　)
利益準備金		4,235,000						(　)
繰越利益剰余金		(　)						643,300
売上		(　)				571,580,303		
仕入	523,047,682		(　)	(　)	(　)			
営業費	45,052,070				(　)			
支払利息	(　)				571,237			

商　業　計　算　解答にあたり，数表を利用できるものについては，最も適当な数表を選択し解答すること。

第１問　次の計算をしなさい。(32点)

(1)　*¥6,060,000* を年利率６％，半年１期で５年６か月預けると，複利終価はいくらになりますか。(円未満四捨五入)

答　¥

(2)　４年３か月後に受け取ることのできる *¥7,500,000* を，年4.75％，１年１期の複利で割り引くと現価はいくらですか。ただし，端数期間は単利法による。(計算の最終で *¥1,000* 未満四捨五入)

答　¥

(3)　毎年はじめに *¥480,000* ずつ，10年間受け取る年金の終価はいくらですか。ただし，年利率4.5％，１年１期の複利とする。(円未満切り上げ)

答　¥

(4)　毎半年末に *¥288,000* ずつ，７年間支払われる年金の現価はいくらですか。ただし，年利率７％，半年１期の複利とする。(円未満切り捨て)

答　¥

(5)　*¥3,600,000*を年利率4.5％で借り入れ，毎年末に等額ずつ支払って，15年で返済したい。この場合いくらずつ返済すればよいですか。ただし，１年１期の複利とする。(円未満四捨五入)

答　¥

(6)　4.75％利付社債，額面 *¥5,000,000* を１月19日に時価 *¥99.80* で買い入れた。買入代金はいくらですか。ただし，利払期日は毎年４月と10月の各25日である。(経過日数は片落とし，経過利子の円未満は切り捨て)

答　¥

主催　社団法人　全国経理教育協会　　後援　文部科学省

第3回計算実務能力検定模擬試験

試験場校

受験番号

採　点

【禁無断転載】

制限時間50分

1　級

帳票計算

第1問　次の精算表を完成しなさい。(20点)

精　　算　　表

勘定科目	試算表 借方	試算表 貸方	修正記入 借方	修正記入 貸方	損益計算書 借方	損益計算書 貸方	貸借対照表 借方	貸借対照表 貸方
現金	(　　)						2,621,780	
当座預金	(　　)						5,886,014	
受取手形	(　　)						28,440,000	
売掛金	52,582,500						(　　)	
貸倒引当金		(　　)	(　　)	(　　)				(　　)
繰越商品	39,402,054		(　　)	(　　)				
				(　　)			35,853,580	
備品	5,400,000						(　　)	
減価償却累計額		(　　)		598,500				2,421,000
支払手形		(　　)						37,054,250
買掛金		(　　)						47,883,604
借入金		9,864,000						(　　)
資本金		(　　)						(　　)
利益準備金		(　　)						2,484,000
繰越利益剰余金		827,117						(　　)
売上		509,316,294				(　　)		
仕入	(　　)		(　　)	(　　)	435,571,149			
営業費	69,120,635				(　　)			
支払利息	822,647				(　　)			

商　業　計　算　解答にあたり，数表を利用できるものについては，最も適当な数表を選択し解答すること。

第１問　次の計算をしなさい。(32点)

(1)　¥18,000,000 を年利率2.5％で７年間（１年１期の複利）借り入れた。元利合計はいくらですか。ただし，¥1,000 未満の端数には利息をつけないものとする。

答　¥

(2)　10年後に受け取る退職金¥15,000,000 の現在の価値はいくらですか。ただし，年利率３％，１年１期の複利とする。(円未満切り捨て)

答　¥

(3)　毎半年末に¥648,000 ずつ，５年６か月間支払われる年金の終価はいくらですか。ただし，年利率７％，半年１期の複利とする。(円未満切り上げ)

答　¥

(4)　W社の令和×年度期末における流動資産合計は¥269,270,000，固定資産合計は¥164,782,000，流動負債合計は¥130,768,000，固定負債合計は¥70,189,000，純資産合計は¥233,095,000 であった。固定比率はいくらですか。(パーセントの小数第２位未満四捨五入)

答　　　　％

(5)　¥4,440,000を年利率2.5％，１年１期の複利で13年間預けると，複利終価はいくらになりますか。(円未満切り捨て)

答　¥

(6)　毎半年はじめに¥480,000 ずつ，７年６か月受け取る年金の現価はいくらですか。ただし，年利率８％，半年１期の複利とする。(円未満切り上げ)

主催　社団法人　全国経理教育協会　　後援　文部科学省

第4回計算実務能力検定模擬試験

試験場校

受験番号

採　点

【禁無断転載】

制限時間50分

1　級

帳　票　計　算

第1問　次の精算表を完成しなさい。(20点)

精　　算　　表

勘定科目	試算表		修正記入		損益計算書		貸借対照表	
	借　方	貸　方	借　方	貸　方	借　方	貸　方	借　方	貸　方
現　金	880,855						(　　)	
当座預金	(　　)						4,380,093	
受取手形	14,460,000						(　　)	
売掛金	(　　)						33,540,000	
貸倒引当金		(　　)	(　　)	(　　)				1,200,000
繰越商品	(　　)		(　　)	23,136,054				
				(　　)			(　　)	
備　品	4,500,000						(　　)	
減価償却累計額		(　　)		(　　)				2,025,000
支払手形		(　　)						31,127,860
買掛金		24,630,036						(　　)
借入金		3,300,000						(　　)
資本金		(　　)						(　　)
利益準備金		1,290,000						(　　)
繰越利益剰余金		(　　)						528,052
売　上		494,947,436				(　　)		
仕　入	(　　)		(　　)	24,552,822	456,251,622			
営業費	36,622,141				(　　)			
支払利息	570,041				(　　)			

商　業　計　算　解答にあたり，数表を利用できるものについては，最も適当な数表を選択し解答すること。

第１問　次の計算をしなさい。(32点)

(1)　年利率2.5%で期間６年の元利合計が¥13,916,250であった。元金はいくらですか。ただし，１年１期の複利で，¥1,000未満の金額は利息を計算しないものとする。

答　¥

(2)　¥6,300,000を年利４%，半年１期の複利で７年７か月間貸すと，複利利息はいくらですか。ただし，端数期間は単利法による。(計算の最終で，円未満四捨五入)

答　¥

(3)　毎半年はじめに¥570,000ずつ５年間受け取る年金の終価はいくらですか。ただし，年利７%，半年１期の複利とする。(円未満切り捨て)

答　¥

(4)　耐用年数10年，残存価額がゼロの備品を定率法で償却してきたが，第３期の減価償却費は¥614,400であった。この備品を第３期期末に¥2,460,000で売却すると，固定資産売却益または，固定資産売却損はいくらですか。(益または損のいずれかに○をし，解答すること。)

答　益・損　¥

(5)　10年６か月後に¥5,000,000を得たい。年利率３%，１年１期の複利とすれば，今いくら投資すればよいですか。ただし，端数期間は単利法による。(円未満切り上げ)

主催　社団法人　全国経理教育協会　　後援　文部科学省

第5回計算実務能力検定模擬試験

1　級

試験場校

受験番号

採　点

制限時間50分

帳票計算

第1問　次の精算表を完成しなさい。(20点)

精　算　表

勘定科目	試算表 借方	試算表 貸方	修正記入 借方	修正記入 貸方	損益計算書 借方	損益計算書 貸方	貸借対照表 借方	貸借対照表 貸方
現金	(　　)						1,810,320	
当座預金	6,728,453						(　　)	
受取手形	(　　)						9,734,314	
売掛金	36,665,685						(　　)	
貸倒引当金		(　　)	(　　)	(　　)				(　　)
繰越商品	(　　)		(　　)	29,184,000				
				(　　)			(　　)	
備品	(　　)						6,400,000	
減価償却累計額		1,440,000		(　　)				(　　)
支払手形		(　　)						17,944,788
買掛金		(　　)						24,038,427
借入金		6,160,000						(　　)
資本金		(　　)						(　　)
利益準備金		6,600,000						(　　)
繰越利益剰余金		792,792						(　　)
売上		470,137,287				(　　)		
仕入	418,887,851		(　　)	(　　)	418,296,107			
営業費	(　　)				49,628,655			
支払利息	720,480				(　　)			

商　業　計　算　解答にあたり，数表を利用できるものについては，最も適当な数表を選択し解答すること。

第１問　次の計算をしなさい。(32点)

(1)　*¥5,470,000* を年利率５％，半年１期で４年７か月預けると，複利終価はいくらになりますか。ただし，端数期間は単利法による（計算の最終で円未満四捨五入）

答　¥

(2)　毎年末に *¥520,000* ずつ12年間受け取る年金の終価はいくらですか。ただし，年利率４％，１年１期の複利とする。(円未満切り上げ)

答　¥

(3)　15年後に返済する予定の借入金 *3,000* 万円を，いま支払うとすればいくらですか。ただし，年利率2.75%，１年１期の複利とする。(円未満切り捨て)

答　¥

(4)　毎年はじめに等額ずつ積み立て，15年後に *¥20,000,000* を得たい。年利率４％，１年１期の複利とすれば，毎期いくらの金額を積み立てればよいですか。(円未満四捨五入)

答　¥

(5)　取得原価 *¥7,240,000*，耐用年数８年，残存価額がゼロの機械装置を定率法で償却してきたが，第４期末に除却することにした。この機械装置の除却損はいくらですか。(毎期償却額は円未満切り捨て)

答　¥

(6)　年利率0.5%，１年１期の複利で５年後の元利合計が *¥10,047,455* になった。元金はいくらですか。ただし，毎期 *¥1,000* 未満の金額には利息をつけないで計算したものとする。

主催　社団法人　全国経理教育協会　　後援　文部科学省

第６回計算実務能力検定模擬試験

１　級

試験場校

受験番号

採　点

制限時間50分

帳票計算

第１問　次の精算表を完成しなさい。(20点)

精　算　表

勘定科目	試算表 借方	試算表 貸方	修正記入 借方	修正記入 貸方	損益計算書 借方	損益計算書 貸方	貸借対照表 借方	貸借対照表 貸方
現金	1,323,452						(　　)	
当座預金	4,914,282						(　　)	
受取手形	(　　)						11,331,574	
売掛金	(　　)						15,268,425	
貸倒引当金		(　　)	(　　)	(　　)				532,000
繰越商品	27,640,900		(　　)	(　　)				
				(　　)			(　　)	
備品	(　　)						6,860,000	
減価償却累計額		(　　)		(　　)				3,087,000
支払手形		(　　)						7,049,319
買掛金		9,778,090						(　　)
借入金		4,620,000						(　　)
資本金		(　　)						(　　)
利益準備金		(　　)						5,530,000
繰越利益剰余金		622,221						(　　)
売上		(　　)				425,279,400		
仕入	(　　)		(　　)	28,628,292	362,134,979			
営業費	(　　)				59,591,280			
支払利息	438,205				(　　)			

商　業　計　算　解答にあたり，数表を利用できるものについては，最も適当な数表を選択し解答すること。

第１問　次の計算をしなさい。(32点)

(1)　*¥7,770,000* を年利率3.5%，１年１期で４年３か月預けると，複利終価はいくらになりますか。ただし，端数期間は単利法による。(計算の最終で円未満四捨五入)

答　¥

(2)　毎半年末に等額ずつ積み立てて，５年後に *¥60,000,000* を得たい。年利率７%，半年１期の複利とすれば，毎期いくらの金額を積み立てればよいですか。(円未満切り上げ)

答　¥

(3)　*¥35,000,000* を借り入れ，毎年末に等額ずつ支払って，12年間で完済したい。年賦金はいくらになりますか。年利率5.5%，１年１期の複利とする。(円未満四捨五入)

答　¥

(4)　毎年末に *¥700,000* ずつ支払い，５年間で完済する約束の借入金を，いま一時に支払えばいくらになりますか。ただし，年利率４%，１年１期の複利とする。(円未満四捨五入)

答　¥

(5)　６年後に返済する予定の借入金 *¥12,500,000* を，いま支払うとすればいくらになりますか。ただし，年利率５%，半年１期の複利とする。(円未満切り捨て)

答　¥

(6)　毎年はじめに *¥280,000* ずつ13年間受け取る年金の終価はいくらですか。ただし，年利率４%，１年１期の複利とする。(円未満四捨五入)

答　¥

主催　社団法人　全国経理教育協会　　後援　文部科学省

第7回計算実務能力検定模擬試験

試験場校

受験番号

採　点

制限時間50分

1　級

帳票計算

第1問　次の精算表を完成しなさい。(20点)

精　算　表

勘定科目	試算表		修正記入		損益計算書		貸借対照表	
	借方	貸方	借方	貸方	借方	貸方	借方	貸方
現金	3,014,826						(　　)	
当座預金	(　　)						5,420,412	
受取手形	10,192,202						(　　)	
売掛金	(　　)						4,207,797	
貸倒引当金		303,784	(　　)	432,000				(　　)
繰越商品	24,171,903		(　　)	(　　)				
				(　　)			23,898,000	
備品	4,800,000						(　　)	
減価償却累計額		(　　)		(　　)				2,880,000
支払手形		(　　)						5,905,235
買掛金		7,533,714						(　　)
借入金		7,950,000						(　　)
資本金		(　　)						(　　)
利益準備金		(　　)						2,070,000
繰越利益剰余金		169,696						(　　)
売上		357,114,775				(　　)		
仕入	(　　)		(　　)	(　　)	314,113,619			
営業費	41,125,380				(　　)			
支払利息	(　　)				433,896			

商　業　計　算　解答にあたり，数表を利用できるものについては，最も適当な数表を選択し解答すること。

第１問　次の計算をしなさい。(32点)

(1)　*¥3,000,000* を年利率0.4％で５年（１年１期の複利）で貸し付けた。元利合計はいくらですか。ただし，*¥1,000* 未満の端数には利息をつけないものとする。

答　¥

(2)　毎半年はじめに *¥1,050,000* ずつ支払い，５年６か月で完済する約束の借入金をいま一時に支払えばいくらになりますか。ただし，年利率７％，半年１期の複利とする。(円未満四捨五入)

答　¥

(3)　*¥20,000,000* を借り入れ，毎年末に等額ずつ支払って，８年間ですべて返済したい。年利率４％，１年１期の複利とすると，年賦金はいくらですか。(円未満切り捨て)

答　¥

(4)　13年後に返済する予定の借入金 *¥25,800,000* を，いま支払うとすればいくらになりますか。ただし，年利率6.5%，１年１期の複利とする。(円未満切り上げ)

答　¥

(5)　*¥5,000,000* を年利率５％で５年間（１年１期）の複利で借り入れた。毎年はじめに均等額ずつ返済する場合，１年経過後の期末未済元金はいくらですか。(年賦金および毎期支払利息は円未満四捨五入し，過不足は最終利息で調整すること。)

答　¥

主催　社団法人　全国経理教育協会　　後援　文部科学省

第8回計算実務能力検定模擬試験

1　級

試験場校

受験番号

採　点

制限時間50分

帳票計算

第1問　次の精算表を完成しなさい。(20点)

精　算　表

勘定科目	試算表		修正記入		損益計算書		貸借対照表	
	借方	貸方	借方	貸方	借方	貸方	借方	貸方
現金	(　)						3,917,772	
当座預金	7,998,899						(　)	
受取手形	(　)						9,883,276	
売掛金	5,156,723						(　)	
貸倒引当金		(　)	(　)	(　)				(　)
繰越商品	36,788,802		(　)	(　)				
				(　)			40,800,000	
備品	6,240,000						(　)	
減価償却累計額		(　)		(　)				3,931,200
支払手形		6,327,958						(　)
買掛金		(　)						5,393,847
借入金		10,630,080						(　)
資本金		(　)						(　)
利益準備金		(　)						2,568,789
繰越利益剰余金		339,393						(　)
売上		486,771,921				(　)		
仕入	(　)		(　)	(　)	466,235,758			
営業費	13,793,528				(　)			
支払利息	738,912				(　)			

商　業　計　算　解答にあたり，数表を利用できるものについては，最も適当な数表を選択し解答すること。

第１問　次の計算をしなさい。(32点)

(1)　毎年末に¥840,000ずつ11年間受け取る年金の終価はいくらですか。ただし，年利率５％，１年１期の複利とする。(円未満切り捨て)

答　¥

(2)　¥33,000,000を借り入れ，毎年はじめに等額ずつ支払って，12年間ですべて返済したい。年利率７％，１年１期の複利とすると年賦金はいくらですか。(円未満四捨五入)

答　¥

(3)　毎年はじめに¥7,600,000ずつ支払い，８年間で完済する約束の借入金をいま一時に支払えばいくらになりますか。ただし，年利率5.5％，１年１期の複利とする。(円未満切り上げ)

答　¥

(4)　毎年末に等額ずつ積み立てて，12年後に¥9,000,000を得たい。年利率3.5％，１年１期の複利とすれば毎年いくらの金額を積み立てればよいですか。(円未満四捨五入)

答　¥

(5)　耐用年数８年，残存価額がゼロの備品を定率法で償却してきたが，第３期期首帳簿価額は¥6,750,000であった。この備品の取得原価はいくらですか。

答　¥

(6)　¥6,060,000を年利率８％，半年１期で７年３か月預けると複利終価はいくらになりますか。ただし，端数期間は単利法による。(計算の最終で円未満四捨五入)

答　¥

(7)　令和５年４月１日発行，3.5％利付社債，額面¥12,000,000を第３回目の利払い日の後に¥98.65で買い入れ，買入代金¥12,006,000

主催　社団法人　全国経理教育協会　　後援　文部科学省

第9回計算実務能力検定模擬試験

1　級

試験場校

受験番号

採　点

【禁無断転載】

制限時間50分

帳票計算

第1問　次の精算表を完成しなさい。(20点)

精　算　表

勘定科目	試算表		修正記入		損益計算書		貸借対照表	
	借方	貸方	借方	貸方	借方	貸方	借方	貸方
現金	3,667,285						(　)	
当座預金	(　)						7,249,630	
受取手形	14,977,155						(　)	
売掛金	(　)						6,034,844	
貸倒引当金		517,094	(　)	(　)				735,420
繰越商品	49,656,955		(　)	(　)				
				12,064			47,760,000	
備品	9,936,000						(　)	
減価償却累計額		(　)		(　)				5,030,100
支払手形		11,636,181						(　)
買掛金		(　)						16,873,906
借入金		12,000,000						(　)
資本金		(　)						(　)
利益準備金		765,600						(　)
繰越利益剰余金		(　)						499,699
売上		(　)				625,308,730		
仕入	(　)		(　)	(　)	530,545,287			
営業費	91,575,645				(　)			
支払利息	(　)				1,755,600			

商　業　計　算　解答にあたり，数表を利用できるものについては，最も適当な数表を選択し解答すること。

第１問　次の計算をしなさい。(32点)

(1)　¥6,789,000を年利率4.5%，１年１期で８年７か月預けると，複利終価はいくらになりますか。ただし，端数期間は単利法による。(計算の最終で円未満切り上げ)

答　¥

(2)　６年８か月後に支払う約束の借入金¥23,100,000を年利率7,5%，半年１期の複利で割り引いて，いま支払うとすれば複利現価はいくらですか。ただし，端数期間は単利法による。(計算の最終で円未満切り捨て)

答　¥

(3)　毎年はじめに¥444,000ずつ11年間受け取る年金の終価はいくらですか。ただし，年利率６％，１年１期の複利とする。(円未満四捨五入)

答　¥

(4)　毎年末に¥6,840,000ずつ支払い，10年間で完済する約束の借入金を，いま一時に支払えばいくらになりますか。ただし，年利率3.5%，１年１期の複利とする。(円未満四捨五入)

答　¥

(5)　2億円を借り入れ，毎年末に等額ずつ支払って８年間で全て返済したい。年利率６％，１年１期の複利とすると年賦金はいくらですか。

答　¥

(6)　株式会社Ｐ社の令和×年度中における純売上高は¥911,255,800であった。同社の同年末の流動資産合計は¥188,489,000，固定資産合計は¥115,347,400，流動負債合計は¥91,537,600，固定負債合計は¥49,132,300，純資産合計は¥163,166,500であった。総資本回転率はいくらですか。(小数点以下第１位未満四捨五入)

答

主催　社団法人　全国経理教育協会　　後援　文部科学省

第10回計算実務能力検定模擬試験

試験場校

受験番号

採　点

制限時間50分

1　級

帳票計算

第1問　次の精算表を完成しなさい。(20点)

精　算　表

勘定科目	試算表 借方	試算表 貸方	修正記入 借方	修正記入 貸方	損益計算書 借方	損益計算書 貸方	貸借対照表 借方	貸借対照表 貸方
現金	( )						3,374,476	
当座預金	4,488,780						( )	
受取手形	( )						9,945,280	
売掛金	3,654,720						( )	
貸倒引当金		98,724	( )	( )				299,200
繰越商品	( )		( )	31,304,252				
				( )			30,240,000	
備品	6,144,000						( )	
減価償却累計額		( )		( )				2,419,200
支払手形		6,965,288						( )
買掛金		9,155,466						( )
借入金		6,221,600						( )
資本金		( )						( )
利益準備金		( )						492,848
繰越利益剰余金		( )						471,520
売上		491,415,100				( )		
仕入	( )		( )	( )	437,396,909			
営業費	51,908,000				( )			
支払利息	( )				1,376,733			

商　業　計　算　解答にあたり，数表を利用できるものについては，最も適当な数表を選択し解答すること。

第１問　次の計算をしなさい。(32点)

(1)　¥32,450,000 を年利率４%で６年（１年１期の複利）で貸し付けた。元利合計はいくらですか。ただし，¥100 未満の端数には利息はつけないものとする。

答　¥

(2)　毎年末に¥194,000 ずつ13年間受け取る年金の終価はいくらですか。ただし，年利率4.5%，１年１期の複利とする。(円未満四捨五入)

答　¥

(3)　５年９か月後に支払う約束の借入金¥78,900,000 を年利率６％，１年１期の複利で割り引いて，いま支払うとすれば複利現価はいくらですか。ただし，端数期間は単利法による。(計算の最終で円未満切り捨て)

答　¥

(4)　/億円を借り入れ，毎年はじめに等額ずつ支払って14年で全て完済したい。年利率６％，１年１期の複利とすると年賦金はいくらですか。(円未満切り上げ)

答　¥

(5)　毎年はじめに¥250,000 ずつ支払い，10年間で完済する約束の借入金を，いま一時に支払えばいくらになりますか。ただし，年利率４%，１年１期の複利とする。(円未満四捨五入)

答　¥

(6)　耐用年数５年，残存価額がゼロの備品を定率法で償却してきたが，第３期期首帳簿残高は¥1,440,000 であった。この備品の取得原価は

主催　社団法人　全国経理教育協会　　後援　文部科学省

第11回計算実務能力検定模擬試験

試験場校

受験番号

採　点

制限時間50分

1　級

帳票計算

第1問　次の精算表を完成しなさい。(20点)

精　算　表

勘定科目	試算表 借方	試算表 貸方	修正記入 借方	修正記入 貸方	損益計算書 借方	損益計算書 貸方	貸借対照表 借方	貸借対照表 貸方
現金	3,901,074						(　)	
当座預金	(　)						8,230,570	
受取手形	21,485,143						(　)	
売掛金	(　)						7,074,856	
貸倒引当金		514,303	(　)	(　)				714,000
繰越商品	48,444,534		(　)	(　)				
				83,932			(　)	
備品	10,620,000						(　)	
減価償却累計額		(　)		(　)				9,558,000
支払手形		8,620,838						(　)
買掛金		(　)						16,923,615
借入金		24,660,792						(　)
資本金		(　)						(　)
利益準備金		(　)						534,000
繰越利益剰余金		(　)						993,600
売上		686,572,783				(　)		
仕入	599,399,398		(　)	47,843,932	(　)			
営業費	81,213,212				(　)			
支払利息	(　)				2,814,394			

商　業　計　算　解答にあたり，数表を利用できるものについては，最も適当な数表を選択し解答すること。

第1問　次の計算をしなさい。(32点)

(1)　*3*億円借り入れ，毎年末に等額ずつ支払って15年間で完済したい。年利率５％，１年１期の複利とすると年賦金はいくらですか。

答　￥

(2)　毎年はじめに￥*555,000*ずつ，10年間受け取る年金の終価はいくらですか。ただし，年利率８％，１年１期の複利とする。(円未満切り捨て)

答　￥

(3)　1.2%利付社債，額面￥*10,000,000*を８月27日に￥*98.65*で買い入れた。買入代金はいくらになりますか。ただし，利払日は３月20日と９月20日とする。(経過日数は片落とし，経過利息は円未満切り捨て)

答　￥

(4)　５年８か月後に支払う約束の借入金￥*45,670,000*を年利率7.5%，半年１期の複利で割り引いて，いま支払うとすれば複利現価はいくらになりますか。ただし，端数期間は単利法による。(計算の最終で円未満切り上げ)

答　￥

(5)　株式会社Ｓ社の令和×年度中における純売上高は￥*325,448,500*であった。同社の同年末の流動資産合計は￥*67,317,500*，固定資産合計は￥*41,195,500*，流動負債合計は￥*32,692,000*，固定負債合計は￥*17,547,250*，純資産合計は￥*58,273,750*であった。固定資産回転率はいくらですか。(小数点以下第１位未満四捨五入)

答　　　　回転

(6)　毎年末に￥*248,000*ずつ支払い，９年間で完済する約束の借入金を，いま一時に支払えばいくらになりますか。ただし，年利率4.5%，１年１期の複利とする。(円未満四捨五入)

答　￥

主催　社団法人　全国経理教育協会　　後援　文部科学省

第12回計算実務能力検定模擬試験

1　級

試験場校

受験番号

採　　点

制限時間50分

帳 票 計 算

第1問　次の精算表を完成しなさい。(20点)

精　　算　　表

勘定科目	試算表		修正記入		損益計算書		貸借対照表	
	借方	貸方	借方	貸方	借方	貸方	借方	貸方
現金	(　　)						3,718,880	
当座預金	(　　)						5,056,250	
受取手形	12,110,480						(　　)	
売掛金	4,989,511						(　　)	
貸倒引当金		(　　)	(　　)	(　　)				(　　)
繰越商品	(　　)		36,047,484	34,352,163				
				(　　)			(　　)	
備品	7,614,000						(　　)	
減価償却累計額		(　　)		(　　)				3,426,300
支払手形		(　　)						6,444,810
買掛金		11,273,871						(　　)
借入金		8,910,810						(　　)
資本金		(　　)						(　　)
利益準備金		(　　)						671,400
繰越利益剰余金		796,050						(　　)
売上		613,357,051				(　　)		
仕入	(　　)		(　　)	(　　)	565,819,883			
営業費	43,659,081				(　　)			
支払利息	(　　)				1,164,609			
貸倒引当金戻入				(　　)		156,461		

商　業　計　算　解答にあたり，数表を利用できるものについては，最も適当な数表を選択し解答すること。

第１問　次の計算をしなさい。(32点)

(1)　毎年はじめに等額ずつ積み立てて，10年後に６億円を得たい，年利率3.5%，１年１期の複利とすれば，毎年いくらの金額を積み立てればよいですか。(円未満四捨五入)

答　¥＿＿＿＿＿＿

(2)　12億円借り入れ，毎年末に等額ずつ支払って10年間で完済したい。年利率７%，１年１期の複利とすると年賦金はいくらですか。

答　¥＿＿＿＿＿＿

(3)　毎年末に¥192,000ずつ13年間受け取る年金の終価はいくらですか。ただし，年利率4.5%，１年１期の複利とする。(円未満切り上げ)

答　¥＿＿＿＿＿＿

(4)　耐用年数３年，残存価額がゼロの機械装置を定率法で償却してきたが，２年経過後に除却し，除却損¥554,445となった。この機械装置の取得原価はいくらですか。

答　¥＿＿＿＿＿＿

(5)　13年後に支払う約束の借入金¥77,000,000を年利率6.5%，１年１期の複利で割り引いて，いま支払うとすれば複利現価はいくらになりますか。(円未満切り捨て)

答　¥＿＿＿＿＿＿

(6)　令和２年11月１日発行，３%利付社債，額面¥70,000,000を第４回目の利払日の後に¥99.85で買い入れ，買入代金¥70,315,000を支払った。買い入れたのは令和何年何月何日ですか。ただし，利払日は毎年10月と４月の末日である。(経過日数は片落とし，経過利子の円未満切り捨て)

主催　社団法人　全国経理教育協会　　後援　文部科学省

第13回計算実務能力検定模擬試験

試験場校

受験番号

採　　点

制限時間50分

1　級

帳　票　計　算

第1問　次の精算表を完成しなさい。(20点)

精　　算　　表

勘定科目	試算表		修正記入		損益計算書		貸借対照表	
	借方	貸方	借方	貸方	借方	貸方	借方	貸方
現　金	2,914,732						( )	
当座預金	5,329,507						( )	
受取手形	( )						11,551,311	
売掛金	( )						5,548,689	
貸倒引当金		( )	( )	( )				684,000
繰越商品	( )		( )	37,815,210				
				( )			35,820,000	
備　品	( )						7,155,000	
減価償却累計額		( )		( )				4,829,624
支払手形		7,311,276						( )
買掛金		6,615,882						( )
借入金		( )						8,181,000
資本金		( )						( )
利益準備金		( )						648,900
繰越利益剰余金		284,920						( )
売　上		581,816,120				( )		
仕　入	( )		( )	( )	553,115,605			
営業費	26,386,564				( )			
支払利息	( )				776,745			
貸倒引当金戻入				( )		165,861		

商　業　計　算　解答にあたり，数表を利用できるものについては，最も適当な数表を選択し解答すること。

第１問　次の計算をしなさい。(32点)

(1)　年利率3.8%，１年１期の複利で，６年後に元利合計が¥5,941,148になった。元金はいくらですか。ただし，¥1,000未満の端数には利息を計算しないものとする。

答　¥

(2)　毎年末に¥9,990,000ずつ支払い，９年間で完済する約束の借入金を，いま一時に支払えばいくらになりますか。ただし，年利率９%，１年１期の複利とする。(円未満四捨五入)

答　¥

(3)　毎年はじめに等額ずつ積み立てて，12年後に10,000,000円を得たい。年利率5.5%，１年１期の複利とすれば，毎年いくらの金額を積み立てればよいですか。(円未満切り捨て)

答　¥

(4)　中野商事株式会社株式の時価は，１株¥234,000であり，予想利回りは3.3%である。同社の株式の希望利回りが年4.4%になるようにするには，１株いくらで買い入れたらよいですか。

答　¥

(5)　1億円借り入れ，毎年はじめに等額ずつ支払って10年間で完済したい。年利率５%，１年１期の複利とすると年賦金はいくらですか。(円未満四捨五入)

答　¥

(6)　３年５か月後に支払う約束の借入金¥3,500,000を年利率5.5%，半年１期の複利で割り引いて，いま支払うとすれば複利現価はいくらい

主催　社団法人　全国経理教育協会　　後援　文部科学省

第14回計算実務能力検定模擬試験

1　級

試験場校

受験番号

採　点

制限時間50分

帳　票　計　算

第1問　次の精算表を完成しなさい。(20点)

精　算　表

勘定科目	試算表		修正記入		損益計算書		貸借対照表	
	借方	貸方	借方	貸方	借方	貸方	借方	貸方
現金	2,076,288						( )	
当座預金	( )						5,523,382	
受取手形	14,277,894						( )	
売掛金	( )						2,822,105	
貸倒引当金		( )	( )	( )				( )
繰越商品	36,178,762		( )	( )				
				119,624			38,430,000	
備品	7,416,000						( )	
減価償却累計額		( )		( )				2,920,050
支払手形		7,821,000						( )
買掛金		( )						14,824,121
借入金		8,181,000						( )
資本金		( )						( )
利益準備金		( )						578,700
繰越利益剰余金		787,888						( )
売上		658,255,339				( )		
仕入	( )		( )	( )	610,533,739			
営業費	46,973,743				( )			
支払利息	( )				656,051			
貸倒引当金戻入				( )		295,028		

商　業　計　算　解答にあたり，数表を利用できるものについては，最も適当な数表を選択し解答すること。

第１問　次の計算をしなさい。(32点)

(1)　¥15,000,000 を年利率6.8%で５年間，１年１期の複利で貸し付けた。５年後の元利合計はいくらですか。ただし，¥1,000 未満の端数には利息をつけないものとする。

答　¥

(2)　毎年末に¥300,000 ずつ８年間受け取る年金の終価はいくらですか。ただし，年利率4.5%，１年１期の複利とする。(円未満切り上げ)

答　¥

(3)　耐用年数５年，残存価額がゼロの備品を定率法で償却しており，３年経過後の減価償却累計額が¥14,112,000 となった。この備品の取得原価はいくらですか。

答　¥

(4)　毎期はじめに¥1,500,000 ずつ支払い，16年間で完済する約束の借入金を，いま一時に支払えばいくらになりますか。ただし，年利率4.5%，１年１期の複利とする。(円未満四捨五入)

答　¥

(5)　13年後に返済する約束の借入金¥65,432,000 を年利率5.5%，１年１期の複利で割り引いて，いま支払うとすれば複利現価はいくらになりますか。(円未満切り捨て)

答　¥

(6)　毎年はじめに等額ずつ積み立てて，７年後に６億円を得たい。年利率４%，１年１期の複利とすれば，毎年いくらの金額を積み立てればよいですか。(円未満四捨五入)

答　¥

(7)　30億円借り入れ，毎年末に等額ずつ支払って12年間で完済したい。年利率3.5%，1年1期の複利とすると年賦金はいくらですか。

答　¥

(8)　令和2年6月1日発行，1.6%利付社債，額面¥24,000,000を第3回目の利払日の後に¥99.68で買い入れ，買入代金¥24,000,000を支払った。買い入れたのは令和何年何月何日ですか。ただし，利払日は毎年11月と5月の末日である。(経過日数は片落し，経過利子の円未満切り捨て)

答　令和　　年　　月　　日

第2問　次の空欄を求めなさい。(18点)

(1)　(半年1期の複利，円未満四捨五入)

No.	元金	年利率	期間	利息	複利終価
1	¥ 306,400,000	6 %	4 年	¥	¥
2	¥ 336,800,000	7 %	5 年	¥	¥
3	¥	8 %	6 年	¥	¥ 737,755,647

(2)　4年後に1億円を得るため，今後毎年末に等額ずつ積み立てる場合の積立金表を完成しなさい。ただし，年利率6%，1年1期の複利とする。(円未満四捨五入し，過不足は最終の毎期積立利息で調整すること。)

積立金表　　積立金目標額　1億円

期数	積立金	毎期積立利息	積立金増加高	積立金合計高
1	¥	¥	¥	¥
2	¥	¥	¥	¥
3	¥	¥	¥	¥
4	¥	¥	¥	¥
計	¥	¥	¥	――

棚卸減耗費			( )		( )			
減価償却費			( )		834,300			
( )						( )	( )	
	( )	( )	( )	( )	( )	( )	( )	( )

第２問　伝票を用いて次の計算をしなさい。(20点)　**【別冊伝票算 P.14 ～ P.28】**

(1)　B商品の現金売上合計はいくらですか。　¥

(2)　C　〃　〃　¥

(3)　D　〃　〃　¥

(4)　入金伝票の合計はいくらですか。　¥

(5)　入金伝票合計と出金伝票合計の差額はいくらですか。　¥

第３問　次の棚卸表を完成しなさい。(10点)

棚　　卸　　表

勘定科目	摘　　　要			内　　訳	金　　額
繰越商品	A 商 品	71,672 個	@¥( )	( )	
	B 商 品	( )個	@¥ 19,351	839,736,645	
	C 商 品	82,894 個	@¥( )	5,245,366,532	
	D 商 品	54,267 個	@¥ 14,589	( )	
	E 商 品	( )個	@¥ 5,046	616,484,958	14,491,486,822
有価証券	中野産業㈱	19,342 株	@¥( )	( )	
	評 価 益		@¥( )	61,700,980	1,547,360,000
売掛金	期末帳簿棚卸高			( )	
	貸倒引当金		売掛金残高の2.8%	122,750,712	( )
建物	1棟		取得原価	2,288,000,000	
	減価償却累計額		¥ 128,128,000		
	当期償却額(定率法) 5.6%		¥( )	( )	( )

商業計算は裏面に

答　¥

(7)　株式会社Aの令和×年度中における純売上高は¥715,986,700であった。同社の同年末の受取手形勘定残高¥21,806,400，同売掛金勘定残高¥40,646,100であったとすると，受取勘定回転率はいくらですか。なお，同社期末には割引に付した手形はなかった。(小数点以下第1位未満四捨五入)

答　　　　回転

(8)　毎年はじめに¥900,000ずつ12年間受け取る年金の終価はいくらですか。ただし，年利率4.5%，1年1期の複利とする。(円未満切り上げ)

答　¥

第2問　次の空欄を求めなさい。(18点)

(1)　(1年1期の複利，円未満四捨五入)

No.	元　金	年利率	期　間	利　息	複利終価
1	¥　303,030,000	3.75 %	5 年	¥	¥
2	¥　567,800,000	5.5 %	9 年	¥	¥
3	¥	7.5 %	14 年	¥	¥　2,411,140,988

(2)　残存価額はゼロ，償却率は固定資産償却率表により計算すること。(決算は年1回，各期の減価償却費は円未満切り捨て)

No.	取得原価	耐用年数	償却方法	第3期の減価償却費	帳簿価額
1	¥　860,000	6 年	定率法	¥	第5期期首　¥
2	¥　7,800,000	12 年	定率法	¥	第3期期首　¥
3	¥　54,000,000	41 年	定額法	¥	第9期期首　¥

棚卸減耗費			[illegible]		( )			
減価償却費			( )		804,937			
( )					( )			( )
	( )	( )	( )	( )	( )	( )	( )	( )

第2問 伝票を用いて次の計算をしなさい。(20点) **【別冊伝票算 P.13 ~ P.27】**

(1)	A商品の現金売上合計はいくらですか。	¥
(2)	B 〃 〃	¥
(3)	C 〃 〃	¥
(4)	入金伝票の合計はいくらですか。	¥
(5)	入金伝票合計と出金伝票合計の差額はいくらですか。	¥

第3問 次の棚卸表を完成しなさい。(10点)

棚　卸　表

勘定科目	摘要			内訳	金額
繰越商品	A 商品	247,876 個	@¥( )	1,149,896,764	
	B 商品	45,118 個	@¥ 51,246	( )	
	C 商品	( )個	@¥ 32,154	2,786,272,716	
	D 商品	64,318 個	@¥( )	4,102,202,040	
	E 商品	( )個	@¥ 80,912	( )	15,330,945,796
有価証券	中野商業㈱	12,121 株	@¥ 54,863	( )	
	評価損		@¥( )	10,460,423	( )
売掛金	期末帳簿棚卸高			( )	
	貸倒引当金		売掛金残高の4.4%	417,114,940	( )
建物	1棟		取得原価	5,968,750,000	
	減価償却累計額		¥ 739,552,000		
	当期償却額(定率法) 6.4%		¥( )	( )	( )

商業計算は裏面に

(7) 毎期はじめに¥267,000ずつ支払い，6年間で完済する約束の借入金を，……
半年1期の複利とする。(円未満四捨五入)

答 ¥

(8) ¥23,450,000を年利率2.7%で7年間，1年1期の複利で貸し付けた。7年後の元利合計はいくらですか。ただし，¥1,000未満の端数には利息をつけないものとする。

答 ¥

第2問 次の空欄を求めなさい。(18点)

(1) (半年1期の複利，円未満四捨五入)

No.	元金	年利率	期間	利息	複利終価
1	¥ 404,000,000	5 %	5年6か月	¥	¥
2	¥	8 %	4 年	¥	¥ 320,245,158
3	¥ 765,000,000	9.5 %	2年6か月	¥	¥

(2) 7億円を年利率6%で4年間(1年1期)の複利で借り入れた。毎年はじめに均等額ずつ返済する年賦償還表を完成しなさい。(年賦金および毎期支払利息は円未満四捨五入し，過不足は最終利息で調整すること。)

年賦償還表

期数	期首未済元金	年賦金	毎期支払利息	元金償還額
1	¥ 700,000,000	¥	¥	¥
2	¥	¥	¥	¥
3	¥	¥	¥	¥
4	¥	¥	¥	¥
計	——	¥	¥	¥

減価償却費			856,575		( )			
( )					( )			( )
	( )	( )	( )	( )	( )	( )	( )	( )

第2問　伝票を用いて次の計算をしなさい。(20点)　**【別冊伝票算 P.12 ～ P.26】**

(1)　A商品の現金売上合計はいくらですか。　¥

(2)　C　〃　〃　¥

(3)　D　〃　〃　¥

(4)　入金伝票の合計はいくらですか。　¥

(5)　入金伝票合計と出金伝票合計の差額はいくらですか。　¥

第3問　次の棚卸表を完成しなさい。(10点)

棚　　卸　　表

勘定科目	摘　　要	内　　訳	金　　額
繰越商品	A 商 品　25,295 個　@¥(　)	(　)	
	B 商 品　(　)個　@¥　70,493	1,934,680,385	
	C 商 品　53,336 個　@¥　53,264	(　)	
	D 商 品　147,432 個　@¥(　)	432,123,192	
	E 商 品　(　)個　@¥　60,152	5,119,777,328	11,485,626,479
有価証券	中野商業㈱　64,971 株　@¥(　)	5,620,576,239	
	評 価 益　@¥　13,491	(　)	(　)
売掛金	期末帳簿棚卸高	(　)	
	貸倒引当金　売掛金残高の4.4%	(　)	7,024,373,954
建物	1棟　取得原価	6,629,000,000	
	減価償却累計額　¥　371,224,000		
	当期償却額(定率法) 5.6%　¥(　)	(　)	(　)

商業計算は裏面に

利息を計算しないものとする。

答　¥

(8)　耐用年数9年，残存価額がゼロの備品を定率法で償却してきたが，2年経過後に¥15,200,000で売却し，売却益¥67,900を得た。この備品の取得原価はいくらですか。

答　¥

第2問　次の空欄を求めなさい。(18点)

(1)　(1年1期の複利，円未満四捨五入)

No.	元金	年利率	期間	利息	複利終価
1	¥ 63,120,000	7 %	4 年	¥	¥
2	¥ 76,543,200	9 %	7 年	¥	¥
3	¥	6 %	15 年	¥	¥ 236,588,225

(2)　5年後に9億円を得るため，今後毎年はじめに等額ずつ積立てる場合の積立金表を完成しなさい。ただし，年利率3.5%，1年1期の複利とする。(円未満四捨五入，過不足は最終の毎期積立利息で調整すること。)

積　立　金　表

積立金目標額　9億円

期数	積立金	毎期積立利息	積立金増加高	積立金合計高
1	¥	¥	¥	¥
2	¥	¥	¥	¥
3	¥	¥	¥	¥
4	¥	¥	¥	¥
5	¥	¥	¥	¥
計	¥	¥	¥	——

[illegible]			( )		( )			
減価償却費			( )		1,194,750			
( )					( )			( )
	( )	( )	( )	( )	( )	( )	( )	( )

第2問　伝票を用いて次の計算をしなさい。(20点)　**【別冊伝票算 P.11 ～ P.25】**

(1)　A商品の現金売上合計はいくらですか。　¥

(2)　B　〃　〃　¥

(3)　D　〃　〃　¥

(4)　入金伝票の合計はいくらですか。　¥

(5)　入金伝票合計と出金伝票合計の差額はいくらですか。　¥

第3問　次の棚卸表を完成しなさい。(10点)

棚　卸　表

勘定科目	摘要	内訳	金額
繰越商品	A 商品　73,956 個　@¥ 21,650	( )	
	B 商品　311,112 個　@¥( )	2,003,250,168	
	C 商品　( )個　@¥ 80,947	4,770,530,498	
	D 商品　2,154 個　@¥( )	769,512,192	
	E 商品　15,485 個　@¥ 40,816	( )	( )
有価証券	中野工業㈱　85,651 株　@¥ 97,832	( )	
	評価損　@¥( )	( )	3,426,040,000
売掛金	期末帳簿棚卸高	( )	
	貸倒引当金　売掛金残高の3.3%	( )	2,164,253,337
建物	1棟　取得原価	3,272,500,000	
	減価償却累計額　¥ 157,080,000		
	当期償却額(定率法) 4.8%　¥( )	( )	( )

商業計算は裏面に

答 ¥

(7) 毎年末に等額ずつ積み立てて，６年後に¥66,666,666を得たい。年利率６％，１年１期の複利とすれば，毎年いくらの金額を積み立てればよいですか。（円未満四捨五入）

答 ¥

(8) 中野物産株式会社の株式の現在の時価は，１株¥4,860であり，予想配当金は１株につき年¥240である。同社の株式の希望利回りが年4.8%になるようにするには，１株いくらで買い入れたらよいですか。

答 ¥

第２問 次の空欄を求めなさい。（18点）

(1) （半年１期の複利，円未満四捨五入）

No.	元金	年利率	期間	利息	複利終価
1	¥ 45,400,000	5 %	5 年	¥	¥
2	¥ 87,654,000	7.5 %	7 年	¥	¥
3	¥	10 %	4年6か月	¥	¥ 74,463,755

(2) 次の積立金を計算しなさい。（計算の最終で円未満切り上げ）

No.	積立金総額	年利率	期間	利息計算期	積立金	
					期末払い	期首払い
1	¥ 24,000,000	8 %	12 年	1年1期	¥	¥
2	¥ 15,200,000	4 %	8 年	1年1期	¥	¥
3	¥ 71,712,000	7 %	3年6か月	半年1期	¥	¥

[illegible]			(　　)		19,648			
減価償却費			(　　)		691,200			
(　　)						(　　)	(　　)	
	(　　)	(　　)	(　　)	(　　)	(　　)	(　　)	(　　)	(　　)

第2問　伝票を用いて次の計算をしなさい。(20点)　**【別冊伝票算 P.10 ～ P.24】**

(1)　A商品の現金売上合計はいくらですか。　¥

(2)　B　〃　〃　¥

(3)　C　〃　〃　¥

(4)　入金伝票の合計はいくらですか。　¥

(5)　入金伝票合計と出金伝票合計の差額はいくらですか。　¥

第3問　次の棚卸表を完成しなさい。(10点)

棚　卸　表

勘定科目	摘要			内訳	金額
繰越商品	A　商　品	73,283 個	@¥　40,793	(　　)	
	B　商　品	44,556 個	@¥(　　)	1,595,639,472	
	C　商　品	(　　)個	@¥　2,648	896,297,688	
	D　商　品	22,621 個	@¥(　　)	390,551,565	
	E　商　品	6,706 個	@¥　926,531	(　　)	(　　)
有価証券	中野工業(株)	86,412 株	@¥(　　)	7,304,924,832	
	評　価　益		@¥　5,464	(　　)	(　　)
売掛金	期末帳簿棚卸高			(　　)	
	貸倒引当金		売掛金残高の4.4%	(　　)	6,033,717,998
建物	1棟		取得原価	5,072,500,000	
	減価償却累計額		¥　213,045,000		
	当期償却額(定率法) 4.2%		¥(　　)	(　　)	(　　)

商業計算は裏面に

用年数は何年ですか。

答　　　　　　　年

(8)　1.8%利付社債，額面¥5,000,000を10月1日に¥98.85で買い入れた。買入代金はいくらになりますか。ただし，利払日は6月20日と12月20日とする。(経過日数は片落とし，経過利息は円未満切り捨て)

答　¥

第2問　次の空欄を求めなさい。(18点)

(1)　(1年1期の複利，円未満四捨五入)

No.	元金	年利率	期間	利息	複利終価
1	¥ 48,484,800	4 %	6 年	¥	¥
2	¥	5.5 %	10 年	¥	¥ 43,865,150
3	¥ 72,564,000	9 %	15 年	¥	¥

(2)　4年後に8億円を得るため，今後毎年末に等額ずつ積立てる場合の積立金表を完成しなさい。ただし，年利率4.5%，1年1期の複利とする。(円未満四捨五入し，過不足は最終の毎期積立利息で調整すること)

積立金表　　　　積立金目標額　4億円

No.	積立金	毎期積立利息	積立金増加高	積立金合計高
1	¥	¥	¥	¥
2	¥	¥	¥	¥
3	¥	¥	¥	¥
4	¥	¥	¥	¥
計	¥	¥	¥	――

[illegible]			( )		( )			
減価償却費			( )		1,117,800			
( )					( )			( )
	( )	( )	( )	( )	( )	( )	( )	( )

第2問　伝票を用いて次の計算をしなさい。(20点)　**【別冊伝票算 P.9 ～ P.23】**

(1)　B商品の現金売上合計はいくらですか。　¥

(2)　C　〃　〃　¥

(3)　D　〃　〃　¥

(4)　入金伝票の合計はいくらですか。　¥

(5)　入金伝票合計と出金伝票合計の差額はいくらですか。　¥

第3問　次の棚卸表を完成しなさい。(10点)

棚　卸　表

勘定科目	摘要			内訳	金額
繰越商品	A 商品	56,321 個	@¥ 298,430	( )	
	B 商品	41,671 個	@¥( )	19,079,567,402	
	C 商品	( )個	@¥ 58,019	7,268,852,396	
	D 商品	25,628 個	@¥( )	8,745,939,420	
	E 商品	819,033 個	@¥ 73,801	( )	( )
有価証券	中野産業㈱	27,116 株	@¥( )	445,461,648	
	評価損		@¥( )	( )	406,740,000
売掛金	期末帳簿棚卸高			( )	
	貸倒引当金		売掛金残高の5.5%	311,943,632	( )
建物	1棟		取得原価	4,331,000,000	
	減価償却累計額		¥ 194,895,000		
	当期償却額(定率法) 4.5%		¥( )	( )	( )

商業計算は裏面に

答　　　月　　　日

(8) 年利率1.2%，1年1期の複利で5年後に元利合計が¥4,458,108になった。元金はいくらですか。ただし，¥1,000未満の端数には利息を計算しないものとする。

答 ¥

第2問 次の空欄を求めなさい。(18点)

(1) （半年1期の複利，円未満四捨五入）

No.	元金	年利率	期間	利息	複利終価
1	¥ 16,000,000	5 %	4年6か月	¥	¥
2	¥	8 %	6 年	¥	¥ 14,572,643
3	¥ 76,543,000	9.5 %	7年6か月	¥	¥

(2) ¥98,400,000を年利率3.5%で4年間（1年1期）の複利で借り入れた。毎年末に均等額ずつ返済する年賦償還表を完成しなさい。
（年賦金および毎期支払利息は円未満四捨五入し，過不足は最終利息で調整すること。）

年賦償還表

期数	期首未済元金	年賦金	毎期支払利息	元金償還額
1	¥ 98,400,000	¥	¥	¥
2	¥	¥	¥	¥
3	¥	¥	¥	¥
4	¥	¥	¥	¥
計	――	¥	¥	¥

[illegible]			[illegible]		(　)			
減価償却費			1,123,200		(　)			
(　)					(　)			(　)
	(　)	(　)	(　)	(　)	(　)	(　)	(　)	(　)

第2問　伝票を用いて次の計算をしなさい。(20点)　**【別冊伝票算 P.8 ～ P.22】**

(1)	A商品の現金売上合計はいくらですか。	¥
(2)	B　〃　〃	¥
(3)	D　〃　〃	¥
(4)	入金伝票の合計はいくらですか。	¥
(5)	入金伝票合計と出金伝票合計の差額はいくらですか。	¥

第3問　次の棚卸表を完成しなさい。(10点)

棚　卸　表

勘定科目	摘要	内訳	金額
繰越商品	A 商品　21,330 個　@¥ 48,296	(　)	
	B 商品　(　)個　@¥ 23,167	1,416,059,708	
	C 商品　88,608 個　@¥(　)	6,761,587,872	
	D 商品　(　)個　@¥ 514,782	32,508,483,300	
	E 商品　45,635 個　@¥(　)	36,942,125,755	(　)
有価証券	中野商事㈱　34,557 株　@¥(　)	663,770,856	
	評価益　@¥(　)	27,369,144	(　)
売掛金	期末帳簿棚卸高	7,484,616,000	
	貸倒引当金　売掛金残高の2.2%	(　)	(　)
建物	1棟　取得原価	4,734,375,000	
	減価償却累計額　¥ 443,592,000		
	当期償却額(定率法) 4.8%　¥(　)	(　)	(　)

商業計算は裏面に

答 ¥

(7) 株式会社旭の令和×年度期末における流動資産合計は¥3,824,923,000，固定資産合計は¥6,574,751,000，流動負債合計は¥ ？ ，固定負債合計は¥3,709,044,000，純資産合計は¥4,835,868,000であった。また，流動資産のうち，現金預金，売上債権，有価証券などの当座資産合計は¥1,878,503,000であった。当座比率はいくらですか。（パーセントの小数第２位未満四捨五入）

答 %

(8) 毎年末に¥2,222,000ずつ９年間受け取る年金の終価はいくらですか。ただし，年利率4.5%，１年１期の複利とする。（円未満四捨五入）

答 ¥

第２問 次の空欄を求めなさい。（18点）

(1) （１年１期の複利，円未満四捨五入）

No.	元金	年利率	期間	利息	複利終価
1	¥ 49,600,000	2.5 %	4 年	¥	¥
2	¥ 38,800,000	3.5 %	10 年	¥	¥
3	¥	7.5 %	14 年	¥	¥ 111,209,859

(2) 残存価額はゼロ，償却率は固定資産償却率表により計算すること。（決算は年１回，各期の減価償却費は円未満切り捨て）

No.	取得原価	耐用年数	償却方法	第３期の減価償却費	帳簿価額
1	¥ 6,500,000	12 年	定率法	¥	第４期期首 ¥
2	¥ 3,950,000	21 年	定額法	¥	第９期期首 ¥
3	¥ 97,012,000	39 年	定額法	¥	第８期期首 ¥

減価償却費			720,000		( )			
( )					( )			( )
	( )	( )	( )	( )	( )	( )	( )	( )

第2問 伝票を用いて次の計算をしなさい。(20点) 【別冊伝票算 P.7 ~ P.21】

(1)	A商品の現金売上合計はいくらですか。	¥
(2)	B 〃 〃	¥
(3)	C 〃 〃	¥
(4)	入金伝票の合計はいくらですか。	¥
(5)	入金伝票合計と出金伝票合計の差額はいくらですか。	¥

第3問 次の棚卸表を完成しなさい。(10点)

棚 卸 表

勘定科目	摘 要			内 訳	金 額
繰越商品	A 商 品	47,671 個	@¥ 9,617	( )	
	B 商 品	21,008 個	@¥( )	4,275,989,328	
	C 商 品	( )個	@¥ 31,295	3,861,865,590	
	D 商 品	40,265 個	@¥( )	33,209,082,195	
	E 商 品	( )個	@¥ 639,108	11,818,385,136	( )
有価証券	中野産業㈱	69,139 株	@¥( )	2,832,279,135	
	評 価 損		@¥( )	( )	2,484,164,270
売 掛 金	期末帳簿棚卸高			( )	
	貸 倒 引 当 金		売掛金残高の2.4%	210,824,952	( )
建 物	1棟		取 得 原 価	7,456,000,000	
	減価償却累計額	¥	797,605,600		
	当期償却額(定率法) 5.5%	¥(	)	( )	( )

商 業 計 算 は 裏 面 に

2.5%になるようにするには，1株いくらで買い入れたらよいですか。（円未満切り捨て）

答　¥

(8)　残存価額がゼロの車両を生産高比例法で償却している。見積総走行可能距離は120,000km，当期の実際走行距離は15,600kmであり，当期の減価償却費は¥260,000であった。この車両の取得原価はいくらですか。

答　¥

第2問　次の空欄を求めなさい。（18点）

(1)　（半年1期の複利，円未満四捨五入）

No.	元金	年利率	期間	利息	複利終価
1	¥ 12,000,000	4 %	2年6か月	¥	¥
2	¥ 67,360,000	5.5%	4 年	¥	¥
3	¥	7 %	6年6か月	¥	¥ 71,438,385

(2)　5年後に3億円を得るため，今後毎年はじめに等額ずつ積立てる場合の積立金表を完成しなさい。ただし，年利率5.5%，1年1期の複利とする。（円未満四捨五入，過不足は最終の毎期積立利息で調整すること）

積　立　金　表　　　　積立金目標額　3億円

期数	積立金	毎期積立利息	積立金増加高	積立金合計高
1	¥	¥	¥	¥
2	¥	¥	¥	¥
3	¥	¥	¥	¥
4	¥	¥	¥	¥
5	¥	¥	¥	¥
計	¥	¥	¥	――

減価償却費			(　　)		771,750			
(　　)					(　　)			(　　)
	(　　)	(　　)	(　　)	(　　)	(　　)	(　　)	(　　)	(　　)

第2問　伝票を用いて次の計算をしなさい。(20点)　**【別冊伝票算 P.6 ～ P.20】**

(1)　B商品の現金売上合計はいくらですか。　¥

(2)　C　〃　〃　¥

(3)　D　〃　〃　¥

(4)　入金伝票の合計はいくらですか。　¥

(5)　入金伝票合計と出金伝票合計の差額はいくらですか。　¥

第3問　次の棚卸表を完成しなさい。(10点)

棚　卸　表

勘定科目	摘要	内訳	金額
繰越商品	A 商品　24,329 個　@¥ 481,752	(　　)	
	B 商品　(　　)個　@¥ 23,694	165,644,754	
	C 商品　37,266 個　@¥(　　)	28,426,542,066	
	D 商品　72,212 個　@¥ 51,326	(　　)	
	E 商品　52,136 個　@¥(　　)	41,926,363,528	(　　)
有価証券	中野工業㈱　58,276 株　@¥(　　)	5,276,192,488	
	評価損　@¥(　　)	(　　)	5,180,037,088
売掛金	期末帳簿棚卸高	(　　)	
	貸倒引当金　売掛金残高の3.2%	210,264,768	(　　)
建物	1棟　取得原価	7,375,000,000	
	減価償却累計額　¥ 691,008,000		
	当期償却額(定率法) 4.8%　¥(　　)	(　　)	(　　)

商業計算は裏面に

答 ¥

(7) 毎半年はじめに¥124,000ずつ支払い，７年間で完済する約束の借入金を，いま一時に支払えばいくらになりますか。ただし，年利率７％，半年１期の複利とする。(円未満四捨五入)

答 ¥

(8) 株式会社乙興業の令和×年度期末における流動資産合計は¥242,343,000，固定資産合計は¥148,303,800，流動負債合計は¥117,691,200，固定負債合計は¥63,170,100，純資産合計は¥209,785,500であった。負債比率はいくらですか。(パーセントの小数第２位未満四捨五入)

答 %

第２問 次の空欄を求めなさい。(18点)

(1) (半年１期の複利，円未満四捨五入)

No.	元金	年利率	期間	利息	複利終価
1	¥ 16,000,000	４ ％	３年６か月	¥	¥
2	¥ 4,440,000	５ ％	６ 年	¥	¥
3	¥	６ ％	７ 年	¥	¥ 90,755,383

(2) ¥4,000,000を年利率８％で４年間（１年１期）の複利で借り入れた。毎年末に均等額ずつ返済する年賦償還表を完成しなさい。(年賦金および毎期支払利息は円未満四捨五入し，過不足は最終利息で調整すること。)

年賦償還表

期数	期首未済元金	年賦金	毎期支払利息	元金償還額
1	¥ 4,000,000	¥	¥	¥
2	¥	¥	¥	¥
3	¥	¥	¥	¥
4	¥	¥	¥	¥
計	——	¥	¥	¥

減価償却費			(　　)		640,000			
(　　)					(　　)			(　　)
	(　　)	(　　)	(　　)	(　　)	(　　)	(　　)	(　　)	(　　)

第2問　伝票を用いて次の計算をしなさい。(20点)　**【別冊伝票算 P.5 ～ P.19】**

(1)　A商品の現金売上合計はいくらですか。　¥

(2)　B　〃　〃　¥

(3)　C　〃　〃　¥

(4)　入金伝票の合計はいくらですか。　¥

(5)　入金伝票合計と出金伝票合計の差額はいくらですか。　¥

第3問　次の棚卸表を完成しなさい。(10点)

棚　卸　表

勘定科目	摘　要			内　訳	金　額
繰越商品	A 商 品	1,509 個	@¥ 489,673	(　　)	
	B 商 品	33,728 個	@¥(　　)	1,745,356,544	
	C 商 品	(　　)個	@¥ 906,524	23,165,314,296	
	D 商 品	41,023 個	@¥(　　)	30,287,075,785	
	E 商 品	58,681 個	@¥ 69,531	(　　)	(　　)
有価証券	中野産業㈱	47,529 株	@¥(　　)	(　　)	
	評 価 益		@¥ 258	(　　)	427,761,000
売 掛 金	期末帳簿棚卸高			(　　)	
	貸倒引当金		売掛金残高の2.4%	(　　)	2,000,953,476
建 物	1棟		取 得 原 価	4,395,000,000	
	減価償却累計額		¥ 281,280,000		
	当期償却額(定率法) 6.4%		¥(　　)	(　　)	(　　)

商 業 計 算 は 裏 面 に

ますか。（円未満四捨五入）

答 ￥

(7) 毎年はじめに￥630,000ずつ支払い，７年間で返済する約束の借入金を，いま一時に支払えばいくらになりますか。ただし，年利率４％，１年１期の複利とする。（円未満四捨五入）

答 ￥

(8) 今から10年前に銀行の定期預金に預け入れた￥2,000,000は，現在いくらになっていますか。 年利率2.5％，１年１期の複利とする。（円未満四捨五入）

答 ￥

第２問 次の空欄を求めなさい。（18点）

(1) （１年１期の複利，円未満四捨五入）

No.	元金	年利率	期間	利息	複利終価
1	￥ 77,440,000	5 ％	4 年	￥	￥
2	￥ 1,212,000	6 ％	6 年	￥	￥
3	￥	2.75 ％	10 年	￥	￥ 9,443,887

(2) ４年後に６億円を得るため，今後毎年末等額ずつ積立てる場合の積立金表を完成しなさい。ただし，年利率５％，１年１期の複利とする。（円未満四捨五入，過不足は最終の積立金利息で調整すること）

積　立　金　表　　　　積立金目標額　６億円

期数	積立金	積立金利息	積立金増加高	積立金合計高
1	￥	￥	￥	￥
2	￥	￥	￥	￥
3	￥	￥	￥	￥
4	￥	￥	￥	￥
計	￥	￥	￥	――

減価償却費			( )		506,250			
( )					( )			( )
	( )	( )	( )	( )	( )	( )	( )	( )

第2問 伝票を用いて次の計算をしなさい。(20点) **【別冊伝票算 P.4 〜 P.18】**

(1) B商品の現金売上合計はいくらですか。	¥
(2) C 〃 〃	¥
(3) D 〃 〃	¥
(4) 入金伝票の合計はいくらですか。	¥
(5) 入金伝票合計と出金伝票合計の差額はいくらですか。	¥

第3問 次の棚卸表を完成しなさい。(10点)

棚　卸　表

勘定科目	摘要	内訳	金額
繰越商品	A 商品 72,987 個 @¥ 156,078	( )	
	B 商品 37,431 個 @¥( )	19,928,638,710	
	C 商品 ( )個 @¥ 69,037	2,762,308,444	
	D 商品 ( )個 @¥ 82,149	40,419,115,278	
	E 商品 23,480 個 @¥( )	6,548,642,440	( )
有価証券	中野商事㈱ ( )株 @¥( )	619,949,440	
	評価損 @¥ 1,416	( )	526,720,000
売掛金	期末帳簿棚卸高	( )	
	貸倒引当金 売掛金残高の2.2%	( )	3,150,597,660
建物	1棟 取得原価	5,027,200,000	
	減価償却累計額 ¥ 276,496,000		
	当期償却額(定率法) 5.5% ¥( )	( )	( )

商業計算は裏面に

いくらですか。ただし，決算は年１回とする。

答　￥

(8)　ある商品の原価に２割８分の利益をみて定価をつけたが，汚損のため定価の７掛で販売したところ￥56,160の損失となった。定価はいくらでしたか。

答　￥

第２問　次の空欄を求めなさい。(18点)

(1)　(半年１期の複利，円未満四捨五入)

No.	元　金	年利率	期　間	利　息	複利終価
1	￥ 1,200,000	9　%	5　年	￥	￥
2	￥ 3,504,000	7　%	2　年	￥	￥
3	￥	5　%	7　年	￥	￥ 8,952,602

(2)　次の積立金の計算をしなさい。(円未満切り捨て)

No.	積立金総額	年利率	期　間	利息計算期	積立金	
					期末払い	期首払い
1	￥ 12,000,000	3.5%	11　年	1年1期	￥	￥
2	￥ 24,000,000	4　%	7　年	1年1期	￥	￥
3	￥ 36,000,000	8　%	5年6か月	半年1期	￥	￥

減 価 償 却 費			( )		( )			
( )					( )			( )
	( )	( )	( )	( )	( )	( )	( )	( )

第2問 伝票を用いて次の計算をしなさい。(20点) **【別冊伝票算 P.3 ～ P.17】**

(1)	A商品の現金売上合計はいくらですか。	¥
(2)	C 〃 〃	¥
(3)	D 〃 〃	¥
(4)	入金伝票の合計はいくらですか。	¥
(5)	入金伝票合計と出金伝票合計の差額はいくらですか。	¥

第3問 次の棚卸表を完成しなさい。(10点)

棚 卸 表

勘 定 科 目	摘 要			内 訳	金 額
繰 越 商 品	A 商 品	26,008 個	@¥ 257,809	( )	
	B 商 品	9,173 個	@¥( )	125,248,142	
	C 商 品	( )個	@¥ 760,081	15,554,297,584	
	D 商 品	( )個	@¥ 12,903	2,399,983,806	
	E 商 品	34,359 個	@¥ 852,476	( )	( )
有 価 証 券	中野商事㈱	( )株	@¥( )	328,858,672	
	評 価 益		@¥ 108	( )	334,012,000
売 掛 金	期末帳簿棚卸高			( )	
	貸 倒 引 当 金		売掛金残高の３％	487,407,654	( )
建 物	1棟		取 得 原 価	1,442,000,000	
	減価償却累計額		¥ 142,758,000		
	当期償却額(定率法) 9.9%		¥( )	( )	( )

商 業 計 算 は 裏 面 に

答 ¥

(8) 年利率1.8%で期間５年の元利合計が¥2,186,552であった。元金はいくらですか。ただし，１年１期の複利で，¥1,000未満の金額には利息を計算しないものとする。

答 ¥

第２問 次の空欄を求めなさい。(18点)

(1) （１年１期の複利，円未満四捨五入）

No.	元金	年利率	期間	利息	複利終価
1	¥ 2,400,000	3.5 %	4 年	¥	¥
2	¥ 5,248,000	4.5 %	8 年	¥	¥
3	¥	6.5 %	12 年	¥	¥ 42,241,269

(2) ¥5,000,000を年利率４%で４年間（１年１期）の複利で借り入れた。毎年末に均等額ずつ返済する年賦償還表を完成しなさい。(年賦金および毎期支払利息は円未満四捨五入し，過不足は最終利息で調整すること。)

年賦償還表

期数	期首未済元金	年賦金	毎期支払利息	元金償還額
1	¥ 5,000,000	¥	¥	¥
2	¥	¥	¥	¥
3	¥	¥	¥	¥
4	¥	¥	¥	¥
計	――	¥	¥	¥

減価償却費			( )		( )			
( )					( )			( )
	( )	( )	( )	( )	( )	( )	( )	( )

第2問 伝票を用いて次の計算をしなさい。(20点) **【別冊伝票算 P.2 ～ P.16】**

(1) B商品の現金売上合計はいくらですか。 ￥

(2) C 〃 〃 ￥

(3) D 〃 〃 ￥

(4) 入金伝票の合計はいくらですか。 ￥

(5) 入金伝票合計と出金伝票合計の差額はいくらですか。 ￥

第3問 次の棚卸表を完成しなさい。(10点)

棚　卸　表

勘定科目	摘要			内訳	金額
繰越商品	A 商品	7,512 個	@￥ 918,634	( )	
	B 商品	26,933 個	@￥( )	12,124,482,476	
	C 商品	( )個	@￥ 543,981	18,520,377,126	
	D 商品	407,512 個	@￥( )	24,509,809,240	
	E 商品	13,849 個	@￥ 190,827	( )	( )
有価証券	中野商事㈱	39,550 株	@￥( )	310,309,300	
	評価損		@￥( )	( )	261,504,600
売掛金	期末帳簿棚卸高			( )	
	貸倒引当金		売掛金残高の2.4%	36,418,434	( )
建物	1棟		取得原価	312,500,000	
	減価償却累計額		￥ 38,720,000		
	当期償却額(定率法) 6.4%		￥( )	( )	( )

商業計算は裏面に

答　￥

(7)　中野物産株式会社の株式の時価は，１株￥1,521である。利回りはいくらですか。ただし，額面は￥1,000で，予想配当金は１株につき年￥170である。（パーセントの小数第１位未満四捨五入）

答　　　　%

(8)　毎年末に等額ずつ積み立てて，10年後に￥3,000,000を得たい。年利率４%，１年１期の複利とすれば，毎期いくらの金額を積み立てればよいですか。（円未満切り捨て）

答　￥

第２問　次の空欄を求めなさい。（18点）

(1)　（半年１期の複利，円未満四捨五入）

No.	元　金	年利率	期　間	利　息	複利終価
1	￥　3,000,000	5　%	2　年	￥	￥
2	￥　6,565,000	7.5　%	5　年	￥	￥
3	￥	9　%	7　年	￥	￥　17,121,231

(2)　残存価額はゼロ，償却率は固定資産償却率表により計算すること。（決算は年１回，各期の減価償却費は円未満切り捨て）

No.	取得原価	耐用年数	償却方法	第４期の減価償却費	帳簿価額
1	￥　3,000,000	10　年	定率法	￥	第６期期首　￥
2	￥　15,370,000	11　年	定額法	￥	第８期期首　￥
3	￥　58,000,000	38　年	定額法	￥	第12期期首　￥

減価償却費			( )		1,012,500			
( )					( )			( )
	( )	( )	( )	( )	( )	( )	( )	( )

第2問 伝票を用いて次の計算をしなさい。(20点) **【別冊伝票算 P.1 ～ P.15】**

(1) A商品の現金売上合計はいくらですか。	¥
(2) B 〃 〃	¥
(3) C 〃 〃	¥
(4) 入金伝票の合計はいくらですか。	¥
(5) 入金伝票合計と出金伝票合計の差額はいくらですか。	¥

第3問 次の棚卸表を完成しなさい。(10点)

棚　卸　表

勘定科目	摘要	内訳	金額
繰越商品	A 商品 126,103 個 @¥ 157,238	( )	
	B 商品 139,690 個 @¥( )	3,784,062,410	
	C 商品 ( )個 @¥ 684,901	50,856,638,854	
	D 商品 871,068 個 @¥ 79,146	( )	
	E 商品 10,306 個 @¥( )	8,688,009,530	( )
有価証券	中野商事㈱ ( )株 @¥ 9,689	( )	
	評価損 @¥( )	118,437,184	900,690,592
売掛金	期末帳簿棚卸高	( )	
	貸倒引当金 売掛金残高の2.5%	( )	7,533,730,386
建物	1棟 取得原価	1,296,000,000	
	減価償却累計額 ¥ 240,399,900		
	当期償却額(定率法) 5％ ¥( )	( )	( )

商業計算は裏面に

1	1.03	1.035	1.04	1.045	1.05	1.055	1.06	1.07	1.08	1.09
2	0.5226 1084	0.5264 0049	0.5301 9608	0.5339 9756	0.5378 0488	0.5416 1800	0.5454 3689	0.5530 9179	0.5607 6923	0.5684 6890
3	0.3535 3036	0.3569 3418	0.3603 4854	0.3637 7336	0.3672 0856	0.3706 5407	0.3741 0981	0.3810 5166	0.3880 3351	0.3950 5476
4	0.2690 2705	0.2722 5114	0.2754 9005	0.2787 4365	0.2820 1183	0.2852 9449	0.2885 9149	0.2952 2812	0.3019 2080	0.3086 6866
5	0.2183 5457	0.2214 8137	0.2246 2711	0.2277 9164	0.2309 7480	0.2341 7644	0.2373 9640	0.2438 9069	0.2504 5645	0.2570 9246
6	0.1845 9750	0.1876 6821	0.1907 6190	0.1938 7839	0.1970 1747	0.2001 7895	0.2033 6263	0.2097 9580	0.2163 1539	0.2229 1978
7	0.1605 0635	0.1635 4449	0.1666 0961	0.1697 0147	0.1728 1982	0.1759 6442	0.1791 3502	0.1855 5322	0.1920 7240	0.1986 9052
8	0.1424 5639	0.1454 7665	0.1485 2783	0.1516 0965	0.1547 2181	0.1578 6401	0.1610 3594	0.1674 6776	0.1740 1476	0.1806 7438
9	0.1284 3386	0.1314 4601	0.1344 9299	0.1375 7447	0.1406 9008	0.1438 3946	0.1470 2224	0.1534 8647	0.1600 7971	0.1667 9880
10	0.1172 3051	0.1202 4137	0.1232 9094	0.1263 7882	0.1295 0458	0.1326 6777	0.1358 6796	0.1423 7750	0.1490 2949	0.1558 2009
11	0.1080 7745	0.1110 9197	0.1141 4904	0.1172 4818	0.1203 8889	0.1235 7065	0.1267 9294	0.1333 5690	0.1400 7634	0.1469 4666
12	0.1004 6209	0.1034 8395	0.1065 5217	0.1096 6619	0.1128 2541	0.1160 2923	0.1192 7703	0.1259 0199	0.1326 9502	0.1396 5066
13	0.0940 2954	0.0970 6157	0.1001 4373	0.1032 7535	0.1064 5577	0.1096 8426	0.1129 6011	0.1196 5085	0.1265 2181	0.1335 6656
14	0.0885 2634	0.0915 7073	0.0946 6897	0.0978 2032	0.1010 2397	0.1042 7912	0.1075 8491	0.1143 4494	0.1212 9685	0.1284 3317
15	0.0837 6658	0.0868 2507	0.0899 4110	0.0931 1381	0.0963 4229	0.0996 2560	0.1029 6276	0.1097 9462	0.1168 2954	0.1240 5888

固定資産償却率表

耐用年数	定額法による償却率	定率法による償却率
年	割分厘	割分厘
2	0.500	1.000
3	0.334	0.667
4	0.250	0.500
5	0.200	0.400
6	0.167	0.333
7	0.143	0.286
8	0.125	0.250
9	0.112	0.222
10	0.100	0.200
11	0.091	0.182
12	0.084	0.167
13	0.077	0.154
14	0.072	0.143
15	0.067	0.133
16	0.063	0.125
17	0.059	0.118
18	0.056	0.111
19	0.053	0.105
20	0.050	0.100

耐用年数	定額法による償却率	定率法による償却率
21	0.048	0.095
22	0.046	0.091
23	0.044	0.087
24	0.042	0.083
25	0.040	0.080
26	0.039	0.077
27	0.038	0.074
28	0.036	0.071
29	0.035	0.069
30	0.034	0.067
31	0.033	0.065
32	0.032	0.063
33	0.031	0.061
34	0.030	0.059
35	0.029	0.057
36	0.028	0.056
37	0.028	0.054
38	0.027	0.053
39	0.026	0.051
40	0.025	0.050

耐用年数	定額法による償却率	定率法による償却率
41	0.025	0.049
42	0.024	0.048
43	0.024	0.047
44	0.023	0.045
45	0.023	0.044
46	0.022	0.043
47	0.022	0.043
48	0.021	0.042
49	0.021	0.041
50	0.020	0.040
51	0.020	0.039
52	0.020	0.038
53	0.019	0.038
54	0.019	0.037
55	0.019	0.036
56	0.018	0.036
57	0.018	0.035
58	0.018	0.034
59	0.017	0.034
60	0.017	0.033

複 利 現 価 表

n＼i	1.5 %	1.75 %	2 %	2.5 %	2.75 %	3 %	3.5 %	3.75 %	4 %	4.5 %
1	0.9852 2167	0.9828 0098	0.9803 9216	0.9756 0976	0.9732 3601	0.9708 7379	0.9661 8357	0.9638 5542	0.9615 3846	0.9569 3780
2	0.9706 6175	0.9658 9777	0.9611 6878	0.9518 1440	0.9471 8833	0.9425 9591	0.9335 1070	0.9290 1727	0.9245 5621	0.9157 2995
3	0.9563 1699	0.9492 8528	0.9423 2233	0.9285 9941	0.9218 3779	0.9151 4166	0.9019 4271	0.8954 3834	0.8889 9636	0.8762 9660
4	0.9421 8423	0.9329 5851	0.9238 4543	0.9059 5064	0.8971 6573	0.8884 8705	0.8714 4223	0.8630 7310	0.8548 0419	0.8385 6134
5	0.9282 6033	0.9169 1254	0.9057 3081	0.8838 5429	0.8731 5400	0.8626 0878	0.8419 7317	0.8318 7768	0.8219 2711	0.8024 5105
6	0.9145 4219	0.9011 4254	0.8879 7138	0.8622 9687	0.8497 8491	0.8374 8426	0.8135 0064	0.8018 0981	0.7903 1453	0.7678 9574
7	0.9010 2679	0.8856 4378	0.8705 6018	0.8412 6524	0.8270 4128	0.8130 9151	0.7859 9096	0.7728 2874	0.7599 1781	0.7348 2846
8	0.8877 1112	0.8704 1157	0.8534 9037	0.8207 4657	0.8049 0635	0.7894 0923	0.7594 1156	0.7448 9517	0.7306 9021	0.7031 8513
9	0.8745 9224	0.8554 4135	0.8367 5527	0.8007 2836	0.7833 6385	0.7664 1673	0.7337 3097	0.7179 7125	0.7025 8674	0.6729 0443
10	0.8616 6723	0.8407 2860	0.8203 4830	0.7811 9840	0.7623 9791	0.7440 9391	0.7089 1881	0.6920 2048	0.6755 6417	0.6439 2768
11	0.8489 3323	0.8262 6889	0.8042 6304	0.7621 4478	0.7419 9310	0.7224 2128	0.6849 4571	0.6670 0769	0.6495 8093	0.6161 9874
12	0.8363 8742	0.8120 5788	0.7884 9318	0.7435 5589	0.7221 3440	0.7013 7988	0.6617 8330	0.6428 9898	0.6245 9705	0.5896 6386
13	0.8240 2702	0.7980 9128	0.7730 3253	0.7254 2038	0.7028 0720	0.6809 5134	0.6394 0415	0.6196 6167	0.6005 7409	0.5642 7164
14	0.8118 4928	0.7843 6490	0.7578 7502	0.7077 2720	0.6839 9728	0.6611 1781	0.6177 8179	0.5972 6426	0.5774 7508	0.5399 7286
15	0.7998 5150	0.7708 7459	0.7430 1473	0.6904 6556	0.6656 9078	0.6418 6195	0.5968 9062	0.5756 7639	0.5552 6450	0.5167 2044

n＼i	4.75 %	5 %	5.5 %	6 %	6.5 %	7 %	7.5 %	8 %	8.5 %	9 %
1	0.9546 5394	0.9523 8095	0.9478 6730	0.9433 9623	0.9389 6714	0.9345 7944	0.9302 3256	0.9259 2593	0.9216 5899	0.9174 3119
2	0.9113 6414	0.9070 2948	0.8984 5242	0.8899 9644	0.8816 5928	0.8734 3873	0.8653 3261	0.8573 3882	0.8494 5529	0.8416 7999
3	0.8700 3737	0.8638 3760	0.8516 1366	0.8396 1928	0.8278 4909	0.8162 9788	0.8049 6057	0.7938 3224	0.7829 0810	0.7721 8348
4	0.8305 8460	0.8227 0247	0.8072 1674	0.7920 9366	0.7773 2309	0.7628 9521	0.7488 0053	0.7350 2985	0.7215 7428	0.7084 2521
5	0.7929 2086	0.7835 2617	0.7651 3435	0.7472 5817	0.7298 8084	0.7129 8618	0.6965 5863	0.6805 8320	0.6650 4542	0.6499 3139
6	0.7569 6502	0.7462 1540	0.7252 4583	0.7049 6054	0.6853 3412	0.6663 4222	0.6479 6152	0.6301 6963	0.6129 4509	0.5962 6733
7	0.7226 3964	0.7106 8133	0.6874 3681	0.6650 5711	0.6435 0621	0.6227 4974	0.6027 5490	0.5834 9040	0.5649 2635	0.5470 3424
8	0.6898 7077	0.6768 3936	0.6515 9887	0.6274 1237	0.6042 3119	0.5820 0910	0.5607 0223	0.5402 6888	0.5206 6945	0.5018 6628
9	0.6585 8785	0.6446 0892	0.6176 2926	0.5918 9846	0.5673 5323	0.5439 3374	0.5215 8347	0.5002 4897	0.4798 7968	0.4604 2778
10	0.6287 2349	0.6139 1325	0.5854 3058	0.5583 9478	0.5327 2604	0.5083 4929	0.4851 9393	0.4631 9349	0.4422 8542	0.4224 1081
11	0.6002 1335	0.5846 7929	0.5549 1050	0.5267 8753	0.5002 1224	0.4750 9280	0.4513 4319	0.4288 8286	0.4076 3633	0.3875 3285
12	0.5729 9604	0.5568 3742	0.5259 8152	0.4969 6936	0.4696 8285	0.4440 1196	0.4198 5413	0.3971 1376	0.3757 0168	0.3555 3473
13	0.5470 1293	0.5303 2135	0.4985 6068	0.4688 3902	0.4410 1676	0.4149 6445	0.3905 6198	0.3676 9792	0.3462 6883	0.3261 7865
14	0.5222 0804	0.5050 6795	0.4725 6937	0.4423 0096	0.4141 0025	0.3878 1724	0.3633 1347	0.3404 6104	0.3191 4178	0.2992 4647
15	0.4985 2797	0.4810 1710	0.4479 3305	0.4172 6506	0.3888 2652	0.3624 4602	0.3379 6602	0.3152 4170	0.2941 3989	0.2745 3804

◇計算手順◇

1．No.1のC商品の金額を計算します。【手順②】
2．No.3の合計の金額を計算します。【手順③】
3．No.4のA商品の金額を計算します。【手順④】
4．⑴A商品の現金売上合計を計算します（解答欄a）。入金伝票のみA商品の金額を加算します。【手順⑤】
5．⑵B商品の現金売上合計を計算します（解答欄b）。入金伝票のみB商品の金額を加算します。【手順⑥】
6．⑶D商品の現金売上合計を計算します（解答欄c）。入金伝票のみD商品の金額を加算します。【手順⑦】
7．⑷入金伝票の合計を計算します（解答欄d）。この金額を解答欄に記入するとともに、メモリー入力します。【手順⑧】
8．⑸出金伝票の合計を計算し、その値をメモリーマイナスに入力します。メモリー内の数値を呼び出すことで、入金伝票合計と出金伝票合計の差額（解答欄e）が求められます。【手順⑨⑩】

◇キー操作◇

キー操作		表示
手順①：シャープ製 [CA] ／カシオ製 [AC]		0.
手順②：[7][6][0][−][5][0][−][1][6][0][−][2][4][0][=]		310.
手順③：[8][0][+][8][0][+][1][5][0][+][5][0][=]		360.
手順④：[3][4][0][−][1][6][0][−][4][0][−][9][0][=]		50.
手順⑤：[5][0][+][8][0][=]	a	130.
手順⑥：[1][6][0][+][8][0][=]	b	240.
手順⑦：[2][4][0][+][5][0][=]	c	290.
手順⑧：[7][6][0][+][3][6][0][M+]	d	1120.
手順⑨：[3][7][0][+][3][4][0][M−]		710.
手順⑩：シャープ製 [RM] ／カシオ製 [MR]	e	410.

◆本書に添付の伝票算は、ページをずらして使用することにより、1冊で16回分の練習ができるようになっています。本試験とは形式が異なりますが、学習者の利便性を考慮した上での形式とご理解ください。なお、各回のページは下記のとおりです。

第1回	第2回	第3回	第4回	第5回	第6回	第7回	第8回
1～15	2～16	3～17	4～18	5～19	6～20	7～21	8～22
第9回	第10回	第11回	第12回	第13回	第14回		
9～23	10～24	11～25	12～26	13～27	14～28		

主催　社団法人　全国経理教育協会　　後援　文部科学省

第１回計算実務能力検定模擬試験

試験場校

受験番号

採　点

【禁無断転載】

制限時間50分

１　　級

帳　票　計　算

第１問　次の精算表を完成しなさい。(20点)　　●印@２点×10＝20点

精　算　表

勘定科目	試算表 借方	試算表 貸方	修正記入 借方	修正記入 貸方	損益計算書 借方	損益計算書 貸方	貸借対照表 借方	貸借対照表 貸方
現　金	2,778,602						2,778,602	
当座預金	5,254,947						5,254,947	
受取手形	26,874,000						26,874,000	
売掛金	68,530,500						68,530,500	
貸倒引当金		● 594,792	594,792	1,908,090				1,908,090
繰越商品	37,194,350		●35,835,070	37,194,350				
				15,070			35,820,000	
備　品	4,500,000						4,500,000	
減価償却累計額		2,025,000		1,012,500				● 3,037,500
支払手形		38,306,473						38,306,473
買掛金		45,164,044						45,164,044
借入金		3,744,000						3,744,000
資本金		45,000,000						●45,000,000
利益準備金		5,850,000						5,850,000
繰越利益剰余金		736,830						736,830
売　上		668,578,860				668,578,860		
仕　入	●583,799,315		37,194,350	35,835,070	585,158,595			
営業費	80,246,931				80,246,931			
支払利息	821,354				821,354			
貸倒引当金戻入				594,792		594,792		
貸倒引当金繰入			1,908,090		1,908,090			
棚卸減耗費			15,070		15,070			
減価償却費			1,012,500		1,012,500			
当期純利益			●		11,112			11,112
	809,999,999	809,999,999	76,559,872	76,559,872	669,173,652	669,173,652	143,758,049	143,758,049

第２問　伝票を用いて次の計算をしなさい。(20点)　**【別冊伝票算 P.1～P.15】**　　@４点×５＝20点

(1) Ａ商品の現金売上合計はいくらですか。　¥ 55,631,095

(2) Ｂ　〃　〃　¥ 73,949,812

(3) Ｃ　〃　〃　¥ 97,031,592

(4) 入金伝票の合計はいくらですか。　¥ 278,682,404

(5) 入金伝票合計と出金伝票合計の差額はいくらですか。　¥ 101,065,110

第３問　次の棚卸表を完成しなさい。(10点)　　●印@１点×10＝10点

棚　卸　表

勘定科目	摘　要	内　訳	金　額
繰越商品	Ａ商品　126,103 個　@¥ 157.238	● 19,828,183,514	
	Ｂ商品　139,690 個　@¥● 27,089	3,784,062,410	
	Ｃ商品　● 74,254 個　@¥ 684.901	50,856,638,854	
	Ｄ商品　871,068 個　@¥ 79.146	68,941,547,928	
	Ｅ商品　10,306 個　@¥● 843,005	8,688,009,530	● 152,098,442,236
有価証券	中野商事㈱　●105,184 株　@¥ 9,689	1,019,127,776	
	評価損　@¥● 1,126	118,437,184	900,690,592
売掛金	期末帳簿棚卸高	7,726,902,960	
	貸倒引当金　売掛金残高の2.5%	● 193,172,574	7,533,730,386
建　物	１棟　取得原価	1,296,000,000	
	減価償却累計額　¥ 240,399,900		
	当期償却額(定率法)５%　¥● 52,780,005	293,179,905	● 1,002,820,095

商業計算は裏面に

商　業　計　算

解答にあたり，数表を利用できるものについては，最も適当な数表を選択し解答すること。　　@４点×８＝32点

第１問　次の計算をしなさい。(32点)

(1)　¥16,500,000 を年利2.8%で７年間（１年１期の複利）借り入れた。５年目までの複利利息はいくらですか。ただし，¥1,000 未満の端数には利息をつけないものとする。

¥16,500,000×(1＋0.028)＝¥16,962,000（１年目の複利終価）
¥16,962,000×(1＋0.028)＝¥17,436,936（２年目の複利終価）
¥17,436,000×(1＋0.028)＋¥936＝¥17,925,144（３年目の複利終価）
¥17,925,000×(1＋0.028)＋¥144＝¥18,427,044（４年目の複利終価）
¥18,427,000×(1＋0.028)＋¥ 44＝¥18,943,000（５年目の複利終価）
¥18,943,000－¥16,500,000＝¥2,443,000

答　¥　2,443,000

(2)　毎年はじめに¥230,000ずつ８年間支払う負債を，いま一時に支払うと，その金額はいくらですか。ただし，年利率4.5%，１年１期の複利とする。(円未満四捨五入)

¥230,000×(5.89270094＋1)＝¥1,585,321

答　¥　1,585,321

(3)　毎年末に¥1,500,000ずつ８年間受け取る年金の終価はいくらですか。ただし，年利率４%，１年１期の複利とする。(円未満切り捨て)

¥1,500,000×9.21422626＝¥13,821,339

答　¥　13,821,339

(4)　旭工業株式会社の令和×年度期末における流動資産合計は¥1,350,907,000，固定資産合計は¥1,472,306,000，流動負債合計は¥654,763,000，固定負債合計は¥1,115,326,000，純資産合計は¥1,053,124,000であった。流動比率はいくらですか。(パーセントの小数第２位未満四捨五入)

$\frac{¥1,350,907,000}{¥654,763,000}$×100＝206.32%

答　206.32　%

(5)　¥3,000,000を年利率７%で借り入れ，毎半年はじめに等額ずつ支払って，５年で返済したい。この場合，いくらずつ返済すればよいですか。ただし，半年１期の複利とする。(円未満四捨五入)

¥3,000,000×0.12024137÷(1＋0.035)＝¥348,526

答　¥　348,526

(6)　５年後に返済する約束の借入金¥4,520,000を，今支払うとすればいくらになりますか。ただし，年利率3.75%，１年１期の複利とする。(円未満四捨五入)

¥4,520,000×0.83187768＝¥3,760,087

答　¥　3,760,087

(7)　中野物産株式会社の株式の時価は，１株¥1,521である。利回りはいくらですか。ただし，額面は¥1,000で，予想配当金は１株につき年¥170である。(パーセントの小数第１位未満四捨五入)

¥170÷¥1,521＝0.112

答　11.2　%

(8)　毎年末に等額ずつ積み立てて，10年後に¥3,000,000を得たい。年利率４%，１年１期の複利とすれば，毎期いくらの金額を積み立てればよいですか。(円未満切り捨て)

¥3,000,000×(0.12329094－0.04)＝¥249,872

答　¥　249,872

第２問　次の空欄を求めなさい。(18点)

(1)（半年１期の複利，円未満四捨五入）　　●印@３点×６＝18点

No.	元　金	年利率	期　間	利　息	複利終価
1	¥ 3,000,000	5 %	2 年	¥ 311,439	●¥ 3,311,439
2	¥ 6,565,000	7.5 %	5 年	●¥ 2,921,713	¥ 9,486,713
3	¥ 9,245,000	9 %	7 年	●¥ 7,876,231	¥ 17,121,231

(2)　残存価額はゼロ，償却率は固定資産償却率表により計算すること。(決算は年１回，各期の減価償却費は円未満切り捨て)

No.	取得原価	耐用年数	償却方法	第４期の減価償却費	帳簿価額
1	¥ 3,000,000	10 年	定率法	¥ 307,200	第６期期首 ●¥ 983,040
2	¥ 15,370,000	11 年	定額法	●¥ 1,398,670	第８期期首 ¥ 5,579,310
3	¥ 58,000,000	38 年	定額法	¥ 1,566,000	第12期期首 ●¥ 40,774,000

主催　社団法人　全国経理教育協会　　後援　文部科学省

第２回計算実務能力検定模擬試験　１　級

試験場校
受験番号
採　点

【禁無断転載】
制限時間50分

帳票計算

第１問　次の精算表を完成しなさい。（20点）　　●印@２点×10＝20点

精　算　表

勘定科目	試算表 借方	試算表 貸方	修正記入 借方	修正記入 貸方	損益計算書 借方	損益計算書 貸方	貸借対照表 借方	貸借対照表 貸方
現金	2,244,321						(2,244,321)	
当座預金	(4,291,412)						4,291,412	
受取手形	24,234,000						(24,234,000)	
売掛金	(38,766,000)						38,766,000	
貸倒引当金		(● 296,548)	(296,548)	(1,260,000)				(1,260,000)
繰越商品	(28,864,548)		(●27,874,746)	28,864,548				
				(4,058)			27,870,688	
備品	4,200,000						(4,200,000)	
減価償却累計額		1,890,000		(● 945,000)				2,835,000
支払手形		(26,087,689)						26,087,689
買掛金		18,372,830						(18,372,830)
借入金		6,165,600						(6,165,600)
資本金		(42,000,000)						(●42,000,000)
利益準備金		4,235,000						(4,235,000)
繰越利益剰余金		(643,300)						643,300
売上		(571,580,303)				571,580,303		
仕入	523,047,682		(28,864,548)	(27,874,746)	(●524,037,484)			
営業費	45,052,070				(45,052,070)			
支払利息	(571,237)				571,237			
貸倒引当金戻入				(296,548)		296,548		
貸倒引当金繰入			(1,260,000)		1,260,000			
棚卸減耗費			4,058		(4,058)			
減価償却費			(945,000)		(945,000)			
当期純利益					(**7,002**)			(7,002)
	(671,271,270)	(671,271,270)	(59,244,900)	(59,244,900)	(571,876,851)	(571,876,851)	(101,606,421)	(101,606,421)

第２問　伝票を用いて次の計算をしなさい。（20点）　**【別冊伝票算 P.2～P.16】**　　@４点×５＝20点

(1)	Ｂ商品の現金売上合計はいくらですか。	￥ 73,990,557
(2)	Ｃ　〃　〃	￥ 96,972,137
(3)	Ｄ　〃　〃	￥ 91,773,913
(4)	入金伝票の合計はいくらですか。	￥ 318,367,405
(5)	入金伝票合計と出金伝票合計の差額はいくらですか。	￥ 140,750,111

第３問　次の棚卸表を完成しなさい。（10点）　　●印@１点×10＝10点

棚　卸　表

勘定科目	摘要			内訳	金額
繰越商品	Ａ商品	7,512 個	@￥ 918,634	(● 6,900,778,608)	
	Ｂ商品	26,933 個	@￥(● 450,172)	12,124,482,476	
	Ｃ商品	(● 34,046) 個	@￥ 543,981	18,520,377,126	
	Ｄ商品	407,512 個	@￥(● 60,145)	24,509,809,240	
	Ｅ商品	13,849 個	@￥ 190,827	(2,642,763,123)	(● 64,698,210,573)
有価証券	中野商事㈱	39,550 株	@￥(● 7,846)	310,309,300	
	評価損		@￥(● 1,234)	(48,804,700)	261,504,600
売掛金	期末帳簿棚卸高			(● 1,517,434,750)	
	貸倒引当金		売掛金残高の2.4%	36,418,434	(● 1,481,016,316)
建物	1棟		取得原価	312,500,000	
	減価償却累計額		￥ 38,720,000		
	当期償却額(定率法) 6.4%		￥(17,521,920)	(56,241,920)	(● 256,258,080)

商業計算は裏面に

商業計算　解答にあたり，数表を利用できるものについては，最も適当な数表を選択し解答すること。　　@４点×８＝32点

第１問　次の計算をしなさい。（32点）

(1)　￥6,060,000を年利率６%，半年１期で５年６か月預けると，複利終価はいくらになりますか。（円未満四捨五入）

￥6,060,000×1.38423387＝￥8,388,457

答　￥　8,388,457

(2)　４年３か月後に受け取ることのできる￥7,500,000を，年4.75%，１年１期の複利で割り引くと現価はいくらですか。ただし，端数期間は単利法による。（計算の最終で￥1,000未満四捨五入）

$￥7,500,000×0.83058460÷(1+0.0475×\frac{3}{12})=￥6,156,000$

答　￥　6,156,000

(3)　毎年はじめに￥480,000ずつ，10年間受け取る年金の終価はいくらですか。ただし，年利率4.5%，１年１期の複利とする。（円未満切り上げ）

￥480,000×(13.84117879－1)＝￥6,163,766

答　￥　6,163,766

(4)　毎半年末に￥288,000ずつ，７年間支払われる年金の現価はいくらですか。ただし，年利率７%，半年１期の複利とする。（円未満切り捨て）

￥288,000×10.92052028＝￥3,145,109

答　￥　3,145,109

(5)　￥3,600,000を年利率4.5%で借り入れ，毎年末に等額ずつ支払って，15年で返済したい。この場合いくらずつ返済すればよいですか。ただし，１年１期の複利とする。（円未満四捨五入）

￥3,600,000×0.09311381＝￥335,210

答　￥　335,210

(6)　4.75%利付社債，額面￥5,000,000を１月19日に時価￥99.80で買い入れた。買入代金はいくらですか。ただし，利払期日は毎年４月と10月の各25日である。（経過日数は片落とし，経過利子の円未満は切り捨て）

$(￥5,000,000×99.80÷100)+(￥5,000,000×0.0475×\frac{86}{365})=￥5,045,958$

答　￥　5,045,958

(7)　耐用年数50年，残存価額がゼロの建物を，定額法で償却したら第31期期首の帳簿価額は￥12,000,000であった。この建物の取得原価はいくらですか。ただし，決算は年１回とする。

定額法償却率(耐用年数50年)…0.020
X－X×0.020×30＝￥12,000,000
X＝￥30,000,000

答　￥　30,000,000

(8)　年利率1.8%で期間５年の元利合計が￥2,186,552であった。元金はいくらですか。ただし，１年１期の複利で，￥1,000未満の金額には利息を計算しないものとする。

￥2,186,552÷1.018≒￥2,147,889…￥2,147,000
￥2,186,552－(￥2,147,000×1.018)＝￥906
￥2,147,000＋￥906＝￥2,147,906（４年目の元利合計）
￥2,147,906÷1.018≒￥2,109,927…￥2,109,000
￥2,147,906－(￥2,109,000×1.018)＝￥944
￥2,109,000＋￥944＝￥2,109,944（３年目の元利合計）
￥2,109,944÷1.018≒￥2,072,636…￥2,072,000
￥2,109,944－(￥2,072,000×1.018)＝￥648
￥2,072,000＋￥648＝￥2,072,648（２年目の元利合計）
￥2,072,648÷1.018＝￥2,036,000（１年目の元利合計）
￥2,036,000÷1.018＝￥2,000,000（元金）

答　￥　2,000,000

第２問　次の空欄を求めなさい。（18点）　　●印@３点×６＝18点

(1)　（１年１期の複利，円未満四捨五入）

No.	元金	年利率	期間	利息	複利終価
1	￥ 2,400,000	3.5 %	4 年	￥ 354,055	●￥ 2,754,055
2	￥ 5,248,000	4.5 %	8 年	●￥ 2,215,184	￥ 7,463,184
3	●￥ 19,840,000	6.5 %	12 年	￥ 22,401,269	￥ 42,241,269

(2)　￥5,000,000を年利率４%で４年間（１年１期）の複利で借り入れた。毎年末に均等額ずつ返済する年賦償還表を完成しなさい。（年賦金および毎期支払利息は円未満四捨五入し，過不足は最終利息で調整すること。）

年賦償還表

期数	期首未済元金	年賦金	毎期支払利息	元金償還額
1	￥ 5,000,000	●￥ 1,377,450	￥ -200,000	￥ 1,177,450
2	￥ 3,822,550	￥ 1,377,450	￥ 152,902	￥ 1,224,548
3	￥ 2,598,002	￥ 1,377,450	￥ 103,920	●￥ 1,273,530
4	￥ 1,324,472	￥ 1,377,450	●￥ 52,978	￥ 1,324,472
計	——	￥ 5,509,800	￥ 509,800	￥ 5,000,000

主催　社団法人　全国経理教育協会　　後援　文部科学省

第３回計算実務能力検定模擬試験

試験場校

受験番号

採　点

【禁無断転載】

制限時間50分

１　級

帳票計算

第１問　次の精算表を完成しなさい。（20点）　　●印@２点×10＝20点

精　算　表

勘定科目	試算表 借方	試算表 貸方	修正記入 借方	修正記入 貸方	損益計算書 借方	損益計算書 貸方	貸借対照表 借方	貸借対照表 貸方
現金	(2,621,780)						2,621,780	
当座預金	(5,886,014)						5,886,014	
受取手形	(28,440,000)						28,440,000	
売掛金	52,582,500						(52,582,500)	
貸倒引当金		(111,870)	(111,870)	(3,240,900)				(● 3,240,900)
繰越商品	39,402,054		(●35,918,910)	(39,402,054)				
				(65,330)			35,853,580	
備品	5,400,000						(5,400,000)	
減価償却累計額		(● 1,822,500)		598,500				2,421,000
支払手形		(37,054,250)						37,054,250
買掛金		(47,883,604)						47,883,604
借入金		9,864,000						(9,864,000)
資本金		(27,000,000)						(●27,000,000)
利益準備金		(2,484,000)						2,484,000
繰越利益剰余金		827,117						(827,117)
売上		509,316,294				(509,316,294)		
仕入	●(432,088,005)		(39,402,054)	(35,918,910)	435,571,149			
営業費	69,120,635				(69,120,635)			
支払利息	822,647				(822,647)			
貸倒引当金戻入				(111,870)		111,870		
貸倒引当金繰入			(3,240,900)		3,240,900			
棚卸減耗費			(65,330)		65,330			
減価償却費			(598,500)		(598,500)			
（当期純利益）			●		(9,003)			(9,003)
	(636,363,635)	(636,363,635)	(79,337,564)	(79,337,564)	(509,428,164)	(509,428,164)	(130,783,874)	(130,783,874)

●　●　●　●

第２問　伝票を用いて次の計算をしなさい。（20点）　**【別冊伝票算 P.3～P.17】**　　@４点×５＝20点

(1)	Ａ商品の現金売上合計はいくらですか。	￥ 55,996,463
(2)	Ｃ　〃　〃	￥ 96,904,930
(3)	Ｄ　〃　〃	￥ 91,778,301
(4)	入金伝票の合計はいくらですか。	￥ 353,216,314
(5)	入金伝票合計と出金伝票合計の差額はいくらですか。	￥ 175,599,020

第３問　次の棚卸表を完成しなさい。（10点）　　●印@１点×10＝10点

棚　卸　表

勘定科目	摘要			内訳	金額
繰越商品	Ａ商品	26,008 個	@￥ 257,809	(● 6,705,096,472)	
	Ｂ商品	9,173 個	@￥(● 13,654)	125,248,142	
	Ｃ商品	(● 20,464) 個	@￥ 760,081	15,554,297,584	
	Ｄ商品	(●186,002) 個	@￥ 12,903	2,399,983,806	
	Ｅ商品	34,359 個	@￥ 852,476	(29,290,222,884)	(● 54,074,848,888)
有価証券	中野商事㈱	(● 47,716) 株	@￥(● 6,892)	328,858,672	
	評価益		@￥ 108	(5,153,328)	334,012,000
売掛金	期末帳簿棚卸高			(16,246,921,800)	
	貸倒引当金		売掛金残高の３％	487,407,654	(● 15,759,514,146)
建物	１棟		取得原価	1,442,000,000	
	減価償却累計額		￥ 142,758,000		
	当期償却額（定率法）9.9％		￥(● 128,624,958)	(271,382,958)	(● 1,170,617,042)

商業計算は裏面に

商業計算

解答にあたり，数表を利用できるものについては，最も適当な数表を選択し解答すること。　　@４点×８＝32点

第１問　次の計算をしなさい。（32点）

(1)　￥18,000,000を年利率2.5％で７年間（１年１期の複利）借り入れた。元利合計はいくらですか。ただし，￥1,000未満の端数には利息をつけないものとする。

￥18,000,000×（１＋0.025）＝￥18,450,000（1年目の元利合計）
￥18,450,000×（１＋0.025）＝￥18,911,250（2年目の元利合計）
￥18,911,000×（１＋0.025）＋￥250＝￥19,384,025（3年目の元利合計）
￥19,384,000×（１＋0.025）＋￥25 ＝￥19,868,625（4年目の元利合計）
￥19,868,000×（１＋0.025）＋￥625＝￥20,365,325（5年目の元利合計）
￥20,365,000×（１＋0.025）＋￥325＝￥20,874,450（6年目の元利合計）
￥20,874,000×（１＋0.025）＋￥450＝￥21,396,300（7年目の元利合計）

答　￥　21,396,300

(2)　10年後に受け取る退職金￥15,000,000の現在の価値はいくらですか。ただし，年利率３％，１年１期の複利とする。（円未満切り捨て）

￥15,000,000×0.74409391＝￥11,161,408

答　￥　11,161,408

(3)　毎半年末に￥648,000ずつ，５年６か月間支払われる年金の終価はいくらですか。ただし，年利率７％，半年１期の複利とする。（円未満切り上げ）

￥648,000×13.14199192＝￥8,516,011

答　￥　8,516,011

(4)　Ｗ社の令和×年度期末における流動資産合計は￥269,270,000，固定資産合計は￥164,782,000，流動負債合計は￥130,768,000，固定負債合計は￥70,189,000，純資産合計は￥233,095,000であった。固定比率はいくらですか。（パーセントの小数第２位未満四捨五入）

$\frac{￥164,782,000}{￥233,095,000}$×100＝70.69％

答　70.69　％

(5)　￥4,440,000を年利率2.5％，１年１期の複利で13年間預けると，複利終価はいくらになりますか。（円未満切り捨て）

￥4,440,000×1.37851104＝￥6,120,589

答　￥　6,120,589

(6)　毎半年はじめに￥480,000ずつ，７年６か月受け取る年金の現価はいくらですか。ただし，年利率８％，半年１期の複利とする。（円未満切り上げ）

￥480,000×（10.56312293＋１）＝￥5,550,300

答　￥　5,550,300

(7)　耐用年数８年，残存価額がゼロの機械を定率法で償却してきたが，第３期の減価償却費は￥1,125,000であった。この機械の取得原価はいくらですか。ただし，決算は年１回とする。

定率法償却率（耐用年数８年）…0.250
0.25Ｘ（１期末償却額）
（Ｘ－0.25Ｘ）×0.25＝0.1875Ｘ（２期末償却額）
（Ｘ－0.25Ｘ－0.1875Ｘ）×0.25＝0.140625Ｘ（３期末償却額）
0.140625Ｘ＝￥1,125,000　　Ｘ＝￥8,000,000

答　￥　8,000,000

(8)　ある商品の原価に２割８分の利益をみて定価をつけたが，汚損のため定価の７掛で販売したところ￥56,160の損失となった。定価はいくらでしたか。

Ｘ×（１＋0.28）×0.7－Ｘ＝－￥56,160
Ｘ＝￥540,000　　￥540,000×1.28＝￥691,200

答　￥　691,200

第２問　次の空欄を求めなさい。（18点）

(1)　（半年１期の複利，円未満四捨五入）　　●印@３点×６＝18点

No.	元金	年利率	期間	利息	複利終価
1	￥ 1,200,000	9 ％	5 年	￥ 663,563	●￥ 1,863,563
2	￥ 3,504,000	7 ％	2 年	●￥ 516,921	￥ 4,020,921
3	●￥ 6,336,000	5 ％	7 年	￥ 2,616,602	￥ 8,952,602

(2)　次の積立金の計算をしなさい。（円未満切り捨て）

No.	積立金総額	年利率	期間	利息計算期	積立金 期末払い	積立金 期首払い
1	￥ 12,000,000	3.5％	11 年	1年1期	●￥ 913,103	￥ 882,225
2	￥ 24,000,000	4 ％	7 年	1年1期	●￥ 3,038,630	￥ 2,921,759
3	￥ 36,000,000	8 ％	5年6か月	半年1期	￥ 2,669,365	●￥ 2,566,697

主催　社団法人　全国経理教育協会　　後援　文部科学省

第４回計算実務能力検定模擬試験

試験場校
受験番号
採　点

【禁無断転載】
制限時間50分

１　級

帳票計算

第１問　次の精算表を完成しなさい。(20点)　　　●印@２点×10＝20点

精　算　表

勘定科目	試算表 借方	試算表 貸方	修正記入 借方	修正記入 貸方	損益計算書 借方	損益計算書 貸方	貸借対照表 借方	貸借対照表 貸方
現金	880,855						(880,855)	
当座預金	(4,380,093)						4,380,093	
受取手形	14,460,000						(14,460,000)	
売掛金	(33,540,000)						33,540,000	
貸倒引当金		(● 415,440)	(415,440)	(1,200,000)				1,200,000
繰越商品	(23,136,054)		(24,552,822)	23,136,054				
				(12,822)			(●24,540,000)	
備品	4,500,000						(4,500,000)	
減価償却累計額		(● 1,518,750)		(506,250)				2,025,000
支払手形		(31,127,860)						31,127,860
買掛金		24,630,036						(24,630,036)
借入金		3,300,000						(3,300,000)
資本金		(18,000,000)						(●18,000,000)
利益準備金		1,290,000						(1,290,000)
繰越利益剰余金		(528,052)						528,052
売上		494,947,436				(494,947,436)		
仕入	●(457,668,390)		(23,136,054)	24,552,822	456,251,622			
営業費	36,622,141				(36,622,141)			
支払利息	570,041				(570,041)			
貸倒引当金戻入				(415,440)		415,440		
貸倒引当金繰入			(1,200,000)		(1,200,000)			
棚卸減耗費			12,822		(12,822)			
減価償却費			(506,250)		506,250			
当期純利益			●		200,000			(200,000)
	(575,757,574)	(575,757,574)	(49,823,388)	(49,823,388)	(495,362,876)	(495,362,876)	(82,300,948)	(82,300,948)

第２問　伝票を用いて次の計算をしなさい。(20点)　【別冊伝票算 P.4～P.18】　　@４点×５＝20点

(1)　Ｂ商品の現金売上合計はいくらですか。　¥ 108,525,355
(2)　Ｃ　〃　〃　¥ 82,946,816
(3)　Ｄ　〃　〃　¥ 92,191,299
(4)　入金伝票の合計はいくらですか。　¥ 339,663,774
(5)　入金伝票合計と出金伝票合計の差額はいくらですか。　¥ 162,046,480

第３問　次の棚卸表を完成しなさい。(10点)　　　●印@１点×10＝10点

棚　卸　表

勘定科目	摘要			内訳	金額
繰越商品	Ａ商品	72,987 個	@¥ 156,078	(● 11,391,664,986)	
	Ｂ商品	37,431 個	@¥(● 532,410)	19,928,638,710	
	Ｃ商品	(● 40,012)個	@¥ 69,037	2,762,308,444	
	Ｄ商品	(492,022)個	@¥ 82,149	40,419,115,278	
	Ｅ商品	23,480 個	@¥(● 278,903)	6,548,642,440	(● 81,050,369,858)
有価証券	中野商事㈱	(● 65,840)株	@¥(● 9,416)	619,949,440	
	評価損		@¥ 1,416	(93,229,440)	526,720,000
売掛金	期末帳簿棚卸高			3,221,470,000	
	貸倒引当金	売掛金残高の2.2%		(● 70,872,340)	3,150,597,660
建物	１棟	取得原価		5,027,200,000	
	減価償却累計額	¥ 276,496,000			
	当期償却額(定率法) 5.5%	¥(● 261,288,720)		(537,784,720)	(● 4,489,415,280)

商業計算は裏面に

商業計算　解答にあたり，数表を利用できるものについては，最も適当な数表を選択し解答すること。　　@４点×８＝32点

第１問　次の計算をしなさい。(32点)

(1)　年利率2.5％で期間６年の元利合計が¥13,916,250であった。元金はいくらですか。ただし，１年１期の複利で，¥1,000未満の金額は利息を計算しないものとする。

¥13,916,250÷1.025≒¥13,576,829…¥13,576,000
¥13,916,250－(¥13,576,000×1.025)＝¥850
¥13,576,000＋¥850＝¥13,576,850（5年目の元利合計）
¥13,576,850÷1.025≒¥13,245,707…¥13,245,000
¥13,576,850－(¥13,245,000×1.025)＝¥725
¥13,245,000＋¥725＝¥13,245,725（4年目の元利合計）
¥13,245,725÷1.025≒¥12,922,658…¥12,922,000
¥13,245,725－(¥12,922,000×1.025)＝¥675
¥12,922,000＋¥675＝¥12,922,675（3年目の元利合計）
¥12,922,675÷1.025≒¥12,607,487…¥12,607,000
¥12,922,675－(¥12,607,000×1.025)＝¥500
¥12,607,000＋¥500＝¥12,607,500（2年目の元利合計）
¥12,607,500÷1.025＝¥12,300,000（1年目の元利合計）
¥12,300,000÷1.025＝¥12,000,000（元金）

答　¥ 12,000,000

(2)　¥6,300,000を年利４％，半年１期の複利で７年７か月間貸すと，複利利息はいくらですか。ただし，端数期間は単利法による。(計算の最終で，円未満四捨五入)

$¥6,300,000 \times 1.34586834 \times (1+0.04 \times \frac{1}{12}) - ¥6,300,000 = ¥2,207,234$

答　¥ 2,207,234

(3)　毎半年はじめに¥570,000ずつ５年間受け取る年金の終価はいくらですか。ただし，年利７％，半年１期の複利とする。(円未満切り捨て)

¥570,000×(13.14199192－1)＝¥6,920,935

答　¥ 6,920,935

(4)　耐用年数10年，残存価額がゼロの備品を定率法で償却してきたが，第３期の減価償却費は¥614,400であった。この備品を第３期期末に¥2,460,000で売却すると，固定資産売却益または，固定資産売却損はいくらですか。(益または損のいずれかに○をし，解答すること。)

X×0.200（第１期末償却額）
(X－0.200X)×0.200＝0.16X（第２期末償却額）
(X－0.200X－0.16X)×0.200＝¥614,400（第３期末償却額）　X＝¥4,800,000（取得原価）
¥4,800,000－(¥4,800,000×0.200)－(¥4,800,000×0.16)
－{¥4,800,000×(1－0.200－0.16)×0.200}＝¥2,457,600（第４期首帳簿価額）
¥2,460,000－¥2,457,600＝¥2,400

答　(益)・損　¥ 2,400

(5)　10年６か月後に¥5,000,000を得たい。年利率３％，１年１期の複利とすれば，今いくら投資すればよいですか。ただし，端数期間は単利法による。(円未満切り上げ)

$¥5,000,000 \times 0.74409391 \div (1+0.03 \times \frac{6}{12}) = ¥3,665,488$

答　¥ 3,665,488

(6)　¥6,000,000を借り入れ，毎年末に等額ずつ支払って６年間で完済したい。年利率４％，１年１期の複利のとき，年賦金はいくらになりますか。(円未満四捨五入)

¥6,000,000×0.19076190＝¥1,144,571

答　¥ 1,144,571

(7)　毎年はじめに¥630,000ずつ支払い，７年間で返済する約束の借入金を，いま一時に支払えばいくらになりますか。ただし，年利率４％，１年１期の複利とする。(円未満四捨五入)

¥630,000×(5.24213686＋1)＝¥3,932,546

答　¥ 3,932,546

(8)　今から10年前に銀行の定期預金に預け入れた¥2,000,000は，現在いくらになっていますか。　年利率2.5％，１年１期の複利とする。(円未満四捨五入)

¥2,000,000×1.28008454＝¥2,560,169

答　¥ 2,560,169

第２問　次の空欄を求めなさい。(18点)　　●印@３点×６＝18点

(1)　(１年１期の複利，円未満四捨五入)

No.	元金	年利率	期間	利息	複利終価
1	¥ 77,440,000	5 ％	4 年	¥ 16,688,804	●¥ 94,128,804
2	¥ 1,212,000	6 ％	6 年	●¥ 507,245	¥ 1,719,245
3	¥ 7,200,000	2.75 ％	10 年	●¥ 2,243,887	¥ 9,443,887

(2)　４年後に６億円を得るため，今後毎年末等額ずつ積立てる場合の積立金表を完成しなさい。ただし，年利率５％，１年１期の複利とする。(円未満四捨五入，過不足は最終の積立金利息で調整すること)

積　立　金　表　　　積立金目標額　６億円

期数	積立金	積立金利息	積立金増加高	積立金合計高
1	●¥ 139,207,098	¥ 0	¥ 139,207,098	¥ 139,207,098
2	¥ 139,207,098	¥ 6,960,355	¥ 146,167,453	¥ 285,374,551
3	¥ 139,207,098	¥ 14,268,728	¥ 153,475,826	●¥ 438,850,377
4	¥ 139,207,098	¥ 21,942,525	¥ 161,149,623	¥ 600,000,000
計	¥ 556,828,392	●¥ 43,171,608	¥ 600,000,000	

主催　社団法人　全国経理教育協会　　後援　文部科学省

第５回計算実務能力検定模擬試験

【禁無断転載】
制限時間50分

１　級

試験場校
受験番号
採　点

帳票計算

第１問　次の精算表を完成しなさい。（20点）　●印@２点×10＝20点

精　算　表

勘定科目	試算表 借方	試算表 貸方	修正記入 借方	修正記入 貸方	損益計算書 借方	損益計算書 貸方	貸借対照表 借方	貸借対照表 貸方
現金	(1,810,320)						1,810,320	
当座預金	6,728,453						(6,728,453)	
受取手形	(9,734,314)						9,734,314	
売掛金	36,665,685						(36,665,685)	
貸倒引当金		(● 646,464)	(646,464)	(1,392,000)				(1,392,000)
繰越商品	(29,184,000)		(29,775,744)	29,184,000				
				(7,744)			●29,768,000	
備品	(6,400,000)						6,400,000	
減価償却累計額		1,440,000		(640,000)				(● 2,080,000)
支払手形		(17,944,788)						17,944,788
買掛金		(24,038,427)						24,038,427
借入金		6,160,000						(6,160,000)
資本金		(32,000,000)						●32,000,000
利益準備金		6,600,000						(6,600,000)
繰越利益剰余金		792,792						(792,792)
売上		470,137,287				(470,137,287)		
仕入	418,887,851		(29,184,000)	(●29,775,744)	418,296,107			
営業費	(49,628,655)				49,628,655			
支払利息	720,480				(720,480)			
貸倒引当金戻入				(646,464)		646,464		
貸倒引当金繰入			(1,392,000)		1,392,000			
棚卸減耗費			7,744		(7,744)			
減価償却費			(640,000)		640,000			
(当期純利益)			●		(98,765)			(98,765)
	(559,759,758)	(559,759,758)	(61,645,952)	(61,645,952)	(470,783,751)	(470,783,751)	(91,106,772)	(91,106,772)

第２問　伝票を用いて次の計算をしなさい。（20点）　**【別冊伝票算 P.5～P.19】**　@４点×５＝20点

(1)　A商品の現金売上合計はいくらですか。　¥ 56,000,304
(2)　B　〃　〃　¥ 108,525,355
(3)　C　〃　〃　¥ 82,946,816
(4)　入金伝票の合計はいくらですか。　¥ 339,663,774
(5)　入金伝票合計と出金伝票合計の差額はいくらですか。　¥ 130,897,633

第３問　次の棚卸表を完成しなさい。（10点）　●印@１点×10＝10点

棚　卸　表

勘定科目	摘要	内訳	金額
繰越商品	A 商品　1,509 個　@¥ 489,673	(● 738,916,557)	
	B 商品　33,728 個　@¥(● 51,748)	1,745,356,544	
	C 商品　(● 25,554) 個　@¥ 906,524	23,165,314,296	
	D 商品　41,023 個　@¥(● 738,295)	30,287,075,785	
	E 商品　58,681 個　@¥ 69,531	(4,080,148,611)	(● 60,016,811,793)
有価証券	中野産業㈱　47,529 株　@¥(● 8,742)	(415,498,518)	
	評価益　@¥ 258	(● 12,262,482)	427,761,000
売掛金	期末帳簿棚卸高	(● 2,050,157,250)	
	貸倒引当金　売掛金残高の2.4%	(49,203,774)	2,000,953,476
建物	1棟　取得原価	4,395,000,000	
	減価償却累計額　¥ 281,280,000		
	当期償却額(定率法) 6.4%　¥(● 263,278,080)	(544,558,080)	(● 3,850,441,920)

商業計算は裏面に

商業計算　解答にあたり，数表を利用できるものについては，最も適当な数表を選択し解答すること。　@４点×８＝32点

第１問　次の計算をしなさい。（32点）

(1)　¥5,470,000 を年利率５％，半年１期で４年７か月預けると，複利終価はいくらになりますか。ただし，端数期間は単利法による（計算の最終で円未満四捨五入）

$¥5,470,000 \times 1.24886297 \times (1+0.05 \times \frac{1}{12}) = ¥6,859,744$

答　¥ 6,859,744

(2)　毎年末に ¥520,000 ずつ12年間受け取る年金の終価はいくらですか。ただし，年利率４％，１年１期の複利とする。（円未満切り上げ）

¥520,000×15.02580546＝¥7,813,419

答　¥ 7,813,419

(3)　15年後に返済する予定の借入金 3,000 万円を，いま支払うとすればいくらですか。ただし，年利率2.75%，１年１期の複利とする。（円未満切り捨て）

¥30,000,000×0.66569078＝¥19,970,723

答　¥ 19,970,723

(4)　毎年はじめに等額ずつ積み立て，15年後に ¥20,000,000 を得たい。年利率４％，１年１期の複利とすれば，毎期いくらの金額を積み立てればよいですか。（円未満四捨五入）

¥20,000,000×(0.08994110−0.04)÷(1+0.04)＝¥960,406

答　¥ 960,406

(5)　取得原価 ¥7,240,000，耐用年数８年，残存価額がゼロの機械装置を定率法で償却してきたが，第４期末に除却することにした。この機械装置の除却損はいくらですか。（毎期償却額は円未満切り捨て）

¥7,240,000×0.250＝¥1,810,000（第１期償却額）
(¥7,240,000−¥1,810,000)×0.250＝¥1,357,500（第２期償却額）
(¥7,240,000−¥1,810,000−¥1,357,500)×0.250＝¥1,018,125（第３期償却額）
(¥7,240,000−¥1,810,000−¥1,357,500−¥1,018,125)×0.250＝¥763,593（第４期償却額）
¥7,240,000−¥1,810,000−¥1,357,500−¥1,018,125−¥763,593＝¥2,290,782

答　¥ 2,290,782

(6)　年利率0.5%，１年１期の複利で５年後の元利合計が ¥10,047,455 になった。元金はいくらですか。ただし，毎期 ¥1,000 未満の金額には利息をつけないで計算したものとする。

¥10,047,455÷1.005≒¥9,997,467…¥9,997,000
¥10,047,455−(¥9,997,000×1.005)＝¥470
¥9,997,000＋¥470＝¥9,997,470（4年目の元利合計）
¥9,997,470÷1.005≒¥9,947,731…¥9,947,000
¥9,997,470−(¥9,947,000×1.005)＝¥735
¥9,947,000＋¥735＝¥9,947,735（3年目の元利合計）
¥9,947,735÷1.005≒¥9,898,243…¥9,898,000
¥9,947,735−(¥9,898,000×1.005)＝¥245
¥9,898,000＋¥245＝¥9,898,245（2年目の元利合計）
¥9,898,245÷1.005＝¥9,849,000（1年目の元利合計）
¥9,849,000÷1.005＝¥9,800,000（元金）

答　¥ 9,800,000

(7)　毎半年はじめに ¥124,000 ずつ支払い，７年間で完済する約束の借入金を，いま一時に支払えばいくらになりますか。ただし，年利率７％，半年１期の複利とする。（円未満四捨五入）

¥124,000×(10.30273849＋1)＝¥1,401,540

答　¥ 1,401,540

(8)　株式会社乙興業の令和×年度期末における流動資産合計は ¥242,343,000，固定資産合計は ¥148,303,800，流動負債合計は ¥117,691,200，固定負債合計は ¥63,170,100，純資産合計は ¥209,785,500 であった。負債比率はいくらですか。（パーセントの小数第２位未満四捨五入）

$\frac{¥117,691,200 + ¥63,170,100}{¥209,785,500} \times 100 = 86.21\%$

答　86.21 %

第２問　次の空欄を求めなさい。（18点）　●印@３点×６＝18点

(1)　（半年１期の複利，円未満四捨五入）

No.	元金	年利率	期間	利息	複利終価
1	¥ 16,000,000	4 %	3年6か月	●¥ 2,378,971	¥ 18,378,971
2	¥ 4,440,000	5 %	6 年	¥ 1,531,306	●¥ 5,971,306
3	¥ 60,000,000	6 %	7 年	●¥ 30,755,383	¥ 90,755,383

(2)　¥4,000,000 を年利率８％で４年間（１年１期）の複利で借り入れた。毎年末に均等額ずつ返済する年賦償還表を完成しなさい。（年賦金および毎期支払利息は円未満四捨五入し，過不足は最終利息で調整すること。）

年　賦　償　還　表

期数	期首未済元金	年賦金	毎期支払利息	元金償還額
1	¥ 4,000,000	●¥ 1,207,683	¥ 320,000	¥ 887,683
2	¥ 3,112,317	¥ 1,207,683	¥ 248,985	●¥ 958,698
3	¥ 2,153,619	¥ 1,207,683	¥ 172,290	¥ 1,035,393
4	¥ 1,118,226	¥ 1,207,683	●¥ 89,457	¥ 1,118,226
計	――	¥ 4,830,732	¥ 830,732	¥ 4,000,000

主催　社団法人　全国経理教育協会　　後援　文部科学省

第６回計算実務能力検定模擬試験

試験場校

受験番号

採　点

【禁無断転載】

制限時間50分

１　級

帳 票 計 算

第１問　次の精算表を完成しなさい。(20点)　　　　●印@２点×10＝20点

精　算　表

勘定科目	試算表 借方	試算表 貸方	修正記入 借方	修正記入 貸方	損益計算書 借方	損益計算書 貸方	貸借対照表 借方	貸借対照表 貸方
現金	1,323,452						(1,323,452)	
当座預金	4,914,282						(4,914,282)	
受取手形	(11,331,574)						11,331,574	
売掛金	(15,268,425)						15,268,425	
貸倒引当金		●(296,209)	(296,209)	(532,000)				532,000
繰越商品	27,640,900		(28,628,292)	(27,640,900)				
				(5,292)			●(28,623,000)	
備品	(6,860,000)						6,860,000	
減価償却累計額		●(2,315,250)		(771,750)				3,087,000
支払手形		(7,049,319)						7,049,319
買掛金		9,778,090						(9,778,090)
借入金		4,620,000						(4,620,000)
資本金		(35,000,000)						●(35,000,000)
利益準備金		(5,530,000)						5,530,000
繰越利益剰余金		622,221						(622,221)
売上	●	(425,279,400)				425,279,400		
仕入	(363,122,371)		(27,640,900)	28,628,292	362,134,979			
営業費	(59,591,280)				59,591,280			
支払利息	438,205				(438,205)			
貸倒引当金戻入				296,209		(296,209)		
貸倒引当金繰入			(532,000)		(532,000)			
棚卸減耗費			(5,292)		5,292			
減価償却費			(771,750)		771,750			
当期純利益			←●→		(2,102,103)	←→		(2,102,103)
	(490,490,489)	(490,490,489)	(57,874,443)	(57,874,443)	(425,575,609)	(425,575,609)	(68,320,733)	(68,320,733)

● ● ● ●

第２問　伝票を用いて次の計算をしなさい。(20点)　**【別冊伝票算 P.6～P.20】**　　　@４点×５＝20点

(1) B商品の現金売上合計はいくらですか。	¥	109,491,030
(2) C　〃　〃	¥	102,864,910
(3) D　〃　〃	¥	98,137,783
(4) 入金伝票の合計はいくらですか。	¥	348,288,251
(5) 入金伝票合計と出金伝票合計の差額はいくらですか。	¥	139,522,110

第３問　次の棚卸表を完成しなさい。(10点)　　　　●印@１点×10＝10点

棚　卸　表

勘定科目	摘要			内訳	金額
繰越商品	A 商品	24,329 個	@¥ 481,752	●　11,720,544,408	
	B 商品	(● 6,991) 個	@¥ 23,694	165,644,754	
	C 商品	37,266 個	@¥(● 762,801)	28,426,542,066	
	D 商品	72,212 個	@¥ 51,326	(3,706,353,112)	
	E 商品	52,136 個	@¥(● 804,173)	41,926,363,528	(● 85,945,447,868)
有価証券	中野工業㈱	58,276 株	@¥(● 90,538)	5,276,192,488	
	評価損		@¥(● 1,650)	(96,155,400)	5,180,037,088
売掛金	期末帳簿棚卸高			(6,570,774,000)	
	貸倒引当金	売掛金残高の3.2%		210,264,768	(● 6,360,509,232)
建物	1棟	取得原価		7,375,000,000	
	減価償却累計額		¥ 691,008,000		
	当期償却額(定率法) 4.8%		¥(● 320,831,616)	(1,011,839,616)	(● 6,363,160,384)

商業計算は裏面に

第６回計算実務１級

商 業 計 算

解答にあたり，数表を利用できるものについては，最も適当な数表を選択し解答すること。　　@４点×８＝32点

第１問　次の計算をしなさい。(32点)

(1) ¥7,770,000を年利率3.5%，１年１期で４年３か月預けると，複利終価はいくらになりますか。ただし，端数期間は単利法による。(計算の最終で円未満四捨五入)

$¥7,770,000 \times 1.14752300 \times (1 + 0.035 \times \frac{3}{12}) = ¥8,994,271$

答　¥　8,994,271

(2) 毎半年末に等額ずつ積み立てて，５年後に¥60,000,000を得たい。年利率７%，半年１期の複利とすれば，毎期いくらの金額を積み立てればよいですか。(円未満切り上げ)

¥60,000,000×(0.12024137－0.035)＝¥5,114,483

答　¥　5,114,483

(3) ¥35,000,000を借り入れ，毎年末に等額ずつ支払って，12年間で完済したい。年賦金はいくらになりますか。年利率5.5%，１年１期の複利とする。(円未満四捨五入)

¥35,000,000×0.11602923＝¥4,061,023

答　¥　4,061,023

(4) 毎年末に¥700,000ずつ支払い，５年間で完済する約束の借入金を，いま一時に支払えばいくらになりますか。ただし，年利率４%，１年１期の複利とする。(円未満四捨五入)

¥700,000×4.45182233＝¥3,116,276

答　¥　3,116,276

(5) ６年後に返済する予定の借入金¥12,500,000を，いま支払うとすればいくらになりますか。ただし，年利率５%，半年１期の複利とする。(円未満切り捨て)

¥12,500,000×0.74355589＝¥9,294,448

答　¥　9,294,448

(6) 毎年はじめに¥280,000ずつ13年間受け取る年金の終価はいくらですか。ただし，年利率４%，１年１期の複利とする。(円未満四捨五入)

¥280,000×(18.29191119－１)＝¥4,841,735

答　¥　4,841,735

(7) 中野商事株式会社の株式の現在の時価は，１株¥4,308であり，予想配当金は１株につき年¥110である。同社の株式の希望利回りが年2.5%になるようにするには，１株いくらで買い入れたらよいですか。(円未満切り捨て)

¥110÷0.025＝¥4,400

答　¥　4,400

(8) 残存価額がゼロの車両を生産高比例法で償却している。見積総走行可能距離は120,000km，当期の実際走行距離は15,600kmであり，当期の減価償却費は¥260,000であった。この車両の取得原価はいくらですか。

$X \times \frac{15,600}{120,000} = ¥260,000$

$X = ¥260,000 \div \frac{15,600}{120,000} = ¥2,000,000$

答　¥　2,000,000

第２問　次の空欄を求めなさい。(18点)　　　　●印@３点×６＝18点

(1) (半年１期の複利，円未満四捨五入)

No.	元金	年利率	期間	利息	複利終価
1	¥ 12,000,000	４%	２年６か月	¥ 1,248,970	●¥ 13,248,970
2	¥ 67,360,000	5.5%	４年	●¥ 16,326,754	¥ 83,686,754
3	●¥ 45,678,000	７%	６年６か月	¥ 25,760,385	¥ 71,438,385

(2) ５年後に３億円を得るため，今後毎年はじめに等額ずつ積立てる場合の積立金表を完成しなさい。ただし，年利率5.5%，１年１期の複利とする。(円未満四捨五入，過不足は最終の毎期積立利息で調整すること)

積　立　金　表　　　　積立金目標額　３億円

期数	積立金	毎期積立利息	積立金増加高	積立金合計高
1	●¥ 50,950,646	●¥ 2,802,286	¥ 53,752,932	¥ 53,752,932
2	¥ 50,950,646	¥ 5,758,697	¥ 56,709,343	¥ 110,462,275
3	¥ 50,950,646	¥ 8,877,711	¥ 59,828,357	¥ 170,290,632
4	¥ 50,950,646	¥ 12,168,271	¥ 63,118,917	¥ 233,409,549
5	¥ 50,950,646	¥ 15,639,805	●¥ 66,590,451	¥ 300,000,000
計	¥ 254,753,230	¥ 45,246,770	¥ 300,000,000	――

主催　社団法人　全国経理教育協会　　後援　文部科学省

第７回計算実務能力検定模擬試験

【禁無断転載】

制限時間50分

１　級

試験場校

受験番号

採　点

帳　票　計　算

第１問　次の精算表を完成しなさい。(20点)　　●印@２点×10＝20点

精　算　表

勘定科目	試算表 借方	試算表 貸方	修正記入 借方	修正記入 貸方	損益計算書 借方	損益計算書 貸方	貸借対照表 借方	貸借対照表 貸方
現金	3,014,826						(3,014,826)	
当座預金	(5,420,412)						5,420,412	
受取手形	10,192,202						(10,192,202)	
売掛金	(4,207,797)						4,207,797	
貸倒引当金		303,784	(303,784)	432,000				(432,000)
繰越商品	24,171,903		●23,899,072	(24,171,903)				
				(1,072)			23,898,000	
備品	4,800,000						(4,800,000)	
減価償却累計額		●2,160,000		(720,000)				2,880,000
支払手形		(5,905,235)						5,905,235
買掛金		7,533,714						(7,533,714)
借入金		7,950,000						(7,950,000)
資本金		(24,000,000)						●24,000,000
利益準備金		(2,070,000)						2,070,000
繰越利益剰余金		169,696						(169,696)
売上		357,114,775				(357,114,775)		
仕入	●(313,840,788)		(24,171,903)	(23,899,072)	314,113,619			
営業費	41,125,380				(41,125,380)			
支払利息	(433,896)				433,896			
貸倒引当金戻入				(303,784)		(303,784)		
貸倒引当金繰入			(432,000)		●432,000			
棚卸減耗費			(1,072)		1,072			
減価償却費			720,000		(720,000)			
当期純利益			●		592,592			(592,592)
	(407,207,204)	(407,207,204)	(49,527,831)	(49,527,831)	(357,418,559)	(357,418,559)	(51,533,237)	(51,533,237)

●　●　●　●

第２問　伝票を用いて次の計算をしなさい。(20点)　【別冊伝票算 P.7～P.21】　　@４点×５＝20点

(1)　Ａ商品の現金売上合計はいくらですか。　¥ 37,794,528

(2)　Ｂ　〃　〃　¥ 109,491,030

(3)　Ｃ　〃　〃　¥ 102,864,910

(4)　入金伝票の合計はいくらですか。　¥ 348,288,251

(5)　入金伝票合計と出金伝票合計の差額はいくらですか。　¥ 191,233,193

第３問　次の棚卸表を完成しなさい。(10点)　　●印@１点×10＝10点

棚　卸　表

勘定科目	摘　要		内　訳	金　額
繰越商品	Ａ商品　47,671 個	@¥ 9,617	(● 458,452,007)	
	Ｂ商品　21,008 個	@¥(● 203,541)	4,275,989,328	
	Ｃ商品　(●123,402) 個	@¥ 31,295	3,861,865,590	
	Ｄ商品　40,265 個	@¥(● 824,763)	33,209,082,195	
	Ｅ商品　(18,492) 個	@¥ 639,108	11,818,385,136	(● 53,623,774,256)
有価証券	中野産業㈱　69,139 株	@¥(● 40,965)	2,832,279,135	
	評価損	@¥(● 5,035)	(348,114,865)	2,484,164,270
売掛金	期末帳簿棚卸高		(8,784,373,000)	
	貸倒引当金	売掛金残高の2.4%	210,824,952	(● 8,573,548,048)
建物	1棟	取得原価	7,456,000,000	
	減価償却累計額	¥ 797,605,600		
	当期償却額(定率法) 5.5%	¥(● 366,211,692)	(1,163,817,292)	(● 6,292,182,708)

商業計算は裏面に

商　業　計　算

解答にあたり，数表を利用できるものについては，最も適当な数表を選択し解答すること。　　@４点×８＝32点

第１問　次の計算をしなさい。(32点)

(1)　¥3,000,000 を年利率0.4％で５年（１年１期の複利）で貸し付けた。元利合計はいくらですか。ただし，¥1,000 未満の端数には利息をつけないものとする。

¥3,000,000×（１＋0.004）＝¥3,012,000（１年目の元利合計）
¥3,012,000×（１＋0.004）＝¥3,024,048（２年目の元利合計）
¥3,024,000×（１＋0.004）＋¥48 ＝¥3,036,144（３年目の元利合計）
¥3,036,000×（１＋0.004）＋¥144＝¥3,048,288（４年目の元利合計）
¥3,048,000×（１＋0.004）＋¥288＝¥3,060,480（５年目の元利合計）

答 ¥ 3,060,480

(2)　毎半年はじめに¥1,050,000 ずつ支払い，５年６か月で完済する約束の借入金をいま一時に支払えばいくらになりますか。ただし，年利率７％，半年１期の複利とする。（円未満四捨五入）

¥1,050,000×(8.31660532＋１)＝¥9,782,436

答 ¥ 9,782,436

(3)　¥20,000,000 を借り入れ，毎年末に等額ずつ支払って，８年間ですべて返済したい。年利率４％，１年１期の複利とすると，年賦金はいくらですか。（円未満切り捨て）

¥20,000,000×0.14852783＝¥2,970,556

答 ¥ 2,970,556

(4)　13年後に返済する予定の借入金¥25,800,000 を，いま支払うとすればいくらになりますか。ただし，年利率6.5％，１年１期の複利とする。（円未満切り上げ）

¥25,800,000×0.44101676＝¥11,378,233

答 ¥ 11,378,233

(5)　¥5,000,000 を年利率５％で５年間（１年１期）の複利で借り入れた。毎年はじめに均等額ずつ返済する場合，１年経過後の期末未済元金はいくらですか。（年賦金および毎期支払利息は円未満四捨五入し，過不足は最終利息で調整すること。）

¥5,000,000×0.23097480÷(１＋0.05)＝¥1,099,880（年賦金）
(¥5,000,000－¥1,099,880)×0.05＝¥195,006（支払利息）
¥5,000,000－(¥1,099,880－¥195,006)＝¥3,705,114

答 ¥ 3,705,114

(6)　毎年はじめに等額ずつ積み立てて，10年後に¥32,000,000 を得たい。年利率3.5％，１年１期の複利とすれば毎年いくらの金額を積み立てればよいですか。（円未満四捨五入）

¥32,000,000×(0.12024137－0.035)÷(１＋0.035)＝¥2,635,482

答 ¥ 2,635,482

(7)　株式会社旭の令和×年度期末における流動資産合計は¥3,824,923,000，固定資産合計は¥6,574,751,000，流動負債合計は¥　？　，固定負債合計は¥3,709,044,000，純資産合計は¥4,835,868,000 であった。また，流動資産のうち，現金預金，売上債権，有価証券などの当座資産合計は¥1,878,503,000 であった。当座比率はいくらですか。（パーセントの小数第２位未満四捨五入）

¥3,824,923,000＋¥6,574,751,000－(¥3,709,044,000＋¥4,835,868,000)＝¥1,854,762,000

$\frac{¥1,878,503,000}{¥1,854,762,000}\times 100=101.28\%$

答 101.28 ％

(8)　毎年末に¥2,222,000 ずつ９年間受け取る年金の終価はいくらですか。ただし，年利率4.5％，１年１期の複利とする。（円未満四捨五入）

¥2,222,000×10.80211423＝¥24,002,298

答 ¥ 24,002,298

第２問　次の空欄を求めなさい。(18点)

(1)　（１年１期の複利，円未満四捨五入）　　●印@３点×６＝18点

No.	元　金	年利率	期　間	利　息	複利終価
1	¥ 49,600,000	2.5 ％	4 年	¥ 5,149,119	●¥ 54,749,119
2	¥ 38,800,000	3.5 ％	10 年	●¥ 15,931,232	¥ 54,731,232
3	¥ 40,404,040	7.5 ％	14 年	●¥ 70,805,819	¥ 111,209,859

(2)　残存価額はゼロ，償却率は固定資産償却率表により計算すること。（決算は年１回，各期の減価償却費は円未満切り捨て）

No.	取得原価	耐用年数	償却方法	第３期の減価償却費	帳簿価額
1	¥ 6,500,000	12 年	定率法	¥ 753,216	第４期期首 ●¥ 3,757,063
2	¥ 3,950,000	21 年	定額法	●¥ 189,600	第９期期首 ¥ 2,433,200
3	¥ 97,012,000	39 年	定額法	¥ 2,522,312	第８期期首 ●¥ 79,355,816

主催　社団法人　全国経理教育協会　　後援　文部科学省

第８回計算実務能力検定模擬試験

試験場校 ＿＿＿＿
受験番号 ＿＿＿＿
採　点 ＿＿＿＿

【禁無断転載】
制限時間50分

１　級

帳票計算

第１問　次の精算表を完成しなさい。（20点）　　●印@２点×10＝20点

精　算　表

勘定科目	試算表 借方	試算表 貸方	修正記入 借方	修正記入 貸方	損益計算書 借方	損益計算書 貸方	貸借対照表 借方	貸借対照表 貸方
現金	(3,917,772)						3,917,772	
当座預金	7,998,899						(7,998,899)	
受取手形	(9,883,276)						9,883,276	
売掛金	5,156,723						(5,156,723)	
貸倒引当金		(114,964)	(114,964)	(360,960)				(● 360,960)
繰越商品	36,788,802		(●40,990,084)	(36,788,802)				
				(190,084)			40,800,000	
備品	6,240,000						(6,240,000)	
減価償却累計額		(● 2,808,000)		(1,123,200)				3,931,200
支払手形		6,327,958						(6,327,958)
買掛金		(5,393,847)						5,393,847
借入金		10,630,080						(10,630,080)
資本金		(40,000,000)						(●40,000,000)
利益準備金		(2,568,789)						2,568,789
繰越利益剰余金		339,393						(339,393)
売上		486,771,921				(486,771,921)		
仕入	●(470,437,040)		(36,788,802)	(40,990,084)	466,235,758			
営業費	13,793,528				(13,793,528)			
支払利息	738,912				(738,912)			
貸倒引当金戻入				(114,964)		114,964		
貸倒引当金繰入			(360,960)		360,960			
棚卸減耗費			190,084		(190,084)			
減価償却費			1,123,200		(1,123,200)			
（当期純利益）	←●			→	(4,444,443)	←		→ (4,444,443)
	(554,954,952)	(554,954,952)	(79,568,094)	(79,568,094)	(486,886,885)	(486,886,885)	(73,996,670)	(73,996,670)
	●		●		●		●	

第２問　伝票を用いて次の計算をしなさい。（20点）　**【別冊伝票算 P.8 ～ P.22】**　　@４点×５＝20点

(1)　A商品の現金売上合計はいくらですか。	￥	33,949,634
(2)　B　〃　〃	￥	115,040,240
(3)　D　〃　〃	￥	148,781,060
(4)　入金伝票の合計はいくらですか。	￥	400,655,308
(5)　入金伝票合計と出金伝票合計の差額はいくらですか。	￥	243,600,250

第３問　次の棚卸表を完成しなさい。（10点）　　●印@１点×10＝10点

棚　卸　表

勘定科目	摘要			内訳	金額
繰越商品	A　商　品	21,330 個	@￥ 48,296	(● 1,030,153,680)	
	B　商　品	(● 61,124) 個	@￥ 23,167	1,416,059,708	
	C　商　品	88,608 個	@￥(● 76,309)	6,761,587,872	
	D　商　品	(● 63,150) 個	@￥ 514,782	32,508,483,300	
	E　商　品	45,635 個	@￥(809,513)	36,942,125,755	(● 78,658,410,315)
有価証券	中野商事㈱	34,557 株	@￥(● 19,208)	663,770,856	
	評価益		@￥(792)	27,369,144	(● 691,140,000)
売掛金	期末帳簿棚卸高			7,484,616,000	
	貸倒引当金	売掛金残高の2.2%		(164,661,552)	(● 7,319,954,448)
建物	１棟	取得原価		4,734,375,000	
	減価償却累計額	￥ 443,592,000			
	当期償却額（定率法）4.8%	￥(● 205,957,584)		(649,549,584)	(● 4,084,825,416)

商業計算は裏面に

商業計算　解答にあたり，数表を利用できるものについては，最も適当な数表を選択し解答すること。　　@４点×８＝32点

第１問　次の計算をしなさい。（32点）

(1)　毎年末に￥840,000ずつ11年間受け取る年金の終価はいくらですか。ただし，年利率５%，１年１期の複利とする。（円未満切り捨て）

￥840,000×14.20678716＝￥11,933,701

答　￥　11,933,701

(2)　￥33,000,000を借り入れ，毎年はじめに等額ずつ支払って，12年間ですべて返済したい。年利率７%，１年１期の複利とすると年賦金はいくらですか。（円未満四捨五入）

￥33,000,000×0.12590199÷（１＋0.07）＝￥3,882,959

答　￥　3,882,959

(3)　毎年はじめに￥7,600,000ずつ支払い，８年間で完済する約束の借入金をいま一時に支払えばいくらになりますか。ただし，年利率5.5%，１年１期の複利とする。（円未満切り上げ）

￥7,600,000×（5.68296712＋１）＝￥50,790,551

答　￥　50,790,551

(4)　毎年末に等額ずつ積み立てて，12年後に￥9,000,000を得たい。年利率3.5%，１年１期の複利とすれば毎年いくらの金額を積み立てればよいですか。（円未満四捨五入）

￥9,000,000×（0.10348395－0.035）＝￥616,356

答　￥　616,356

(5)　耐用年数８年，残存価額がゼロの備品を定率法で償却してきたが，第３期期首帳簿価額は￥6,750,000であった。この備品の取得原価はいくらですか。

X×（１－0.25）×（１－0.25）＝￥6,750,000
X＝￥6,750,000÷（１－0.25）÷（１－0.25）＝￥12,000,000

答　￥　12,000,000

(6)　￥6,060,000を年利率８%，半年１期で７年３か月預けると複利終価はいくらになりますか。ただし，端数期間は単利法による。（計算の最終で円未満四捨五入）

$¥6{,}060{,}000 \times 1.73167645 \times (1 + 0.08 \times \frac{3}{12}) = ¥10{,}703{,}838$

答　￥　10,703,838

(7)　令和５年４月１日発行，3.5%利付社債，額面￥12,000,000を第３回目の利払い日の後に￥98.65で買い入れ，買入代金￥12,006,000を支払った。買い入れたのは何月何日ですか。ただし，利払い日は毎年９月と３月の末日である。（経過日数は片落とし，経過利子の円未満切り捨て）

$¥12{,}006{,}000 - ¥12{,}000{,}000 \times \frac{98.65}{100} = ¥168{,}000$

$¥12{,}000{,}000 \times 0.035 \times \frac{X}{365} = ¥168{,}000$

X＝365×￥168,000÷￥12,000,000÷0.035＝146　　９月末日の146日後なので２月23日

答　２　月　23　日

(8)　年利率1.2%，１年１期の複利で５年後に元利合計が￥4,458,108になった。元金はいくらですか。ただし，￥1,000未満の端数には利息を計算しないものとする。

￥4,458,108÷1.012≒￥4,405,245…￥4,405,000
￥4,458,108－（￥4,405,000×1.012）＝￥248
￥4,405,000＋￥248＝￥4,405,248（4年目の元利合計）
￥4,405,248÷1.012≒￥4,353,011…￥4,353,000
￥4,405,248－（￥4,353,000×1.012）＝￥12
￥4,353,000＋￥12＝￥4,353,012（3年目の元利合計）
￥4,353,012÷1.012≒￥4,301,395…￥4,301,000
￥4,353,012－（￥4,301,000×1.012）＝￥400
￥4,301,000＋￥400＝￥4,301,400（2年目の元利合計）
￥4,301,400÷1.012≒￥4,250,395…￥4,250,000
￥4,301,400－（￥4,250,000×1.012）＝￥400
￥4,250,000＋￥400＝￥4,250,400（1年目の元利合計）
￥4,250,400÷1.012＝￥4,200,000（元金）

答　￥　4,200,000

第２問　次の空欄を求めなさい。（18点）　　●印@３点×６＝18点

(1)　（半年１期の複利，円未満四捨五入）

№	元金	年利率	期間	利息	複利終価
1	￥ 16,000,000	5 %	4年6か月	￥ 3,981,808	●￥ 19,981,808
2	●￥ 9,102,030	8 %	6 年	￥ 5,470,613	￥ 14,572,643
3	￥ 76,543,000	9.5 %	7年6か月	●￥ 76,995,026	￥ 153,538,026

(2)　￥98,400,000を年利率3.5%で４年間（１年１期）の複利で借り入れた。毎年末に均等額ずつ返済する年賦償還表を完成しなさい。（年賦金および毎期支払利息は円未満四捨五入し，過不足は最終利息で調整すること。）

年　賦　償　還　表

期数	期首未済元金	年賦金	毎期支払利息	元金償還額
1	￥ 98,400,000	●￥ 26,789,512	￥ 3,444,000	￥ 23,345,512
2	●￥ 75,054,488	￥ 26,789,512	￥ 2,626,907	￥ 24,162,605
3	￥ 50,891,883	￥ 26,789,512	￥ 1,781,216	￥ 25,008,296
4	￥ 25,883,587	￥ 26,789,512	￥ 905,925	●￥ 25,883,587
計	――	￥ 107,158,048	￥ 8,758,048	￥ 98,400,000

主催　社団法人　全国経理教育協会　　後援　文部科学省

第９回計算実務能力検定模擬試験

１　級

試験場校
受験番号
採　点

【禁無断転載】
制限時間50分

帳票計算

第１問　次の精算表を完成しなさい。(20点)　　●印@２点×10＝20点

精　算　表

勘定科目	試算表 借方	試算表 貸方	修正記入 借方	修正記入 貸方	損益計算書 借方	損益計算書 貸方	貸借対照表 借方	貸借対照表 貸方
現金	3,667,285						3,667,285	
当座預金	7,249,630						7,249,630	
受取手形	14,977,155						14,977,155	
売掛金	6,034,844						6,034,844	
貸倒引当金		517,094	517,094	735,420				735,420
繰越商品	49,656,955		●47,772,064	49,656,955				
				12,064			47,760,000	
備品	9,936,000						9,936,000	
減価償却累計額		●3,912,300		1,117,800				5,030,100
支払手形		11,636,181						11,636,181
買掛金		16,873,906						16,873,906
借入金		12,000,000						12,000,000
資本金		42,000,000						●42,000,000
利益準備金		765,600						765,600
繰越利益剰余金		499,699						499,699
売上		625,308,730				625,308,730		
仕入	●528,660,396		49,656,955	47,772,064	530,545,287			
営業費	91,575,645				91,575,645			
支払利息	1,755,600				1,755,600			
貸倒引当金戻入				517,094		517,094		
貸倒引当金繰入			735,420		●735,420			
棚卸減耗費			12,064		12,064			
減価償却費			1,117,800		1,117,800			
当期純利益					84,008			84,008
	713,513,510	713,513,510	99,811,397	99,811,397	625,825,824	625,825,824	89,624,914	89,624,914

第２問　伝票を用いて次の計算をしなさい。(20点)　**【別冊伝票算 P.9～P.23】**　　@４点×５＝20点

(1) B商品の現金売上合計はいくらですか。	¥	113,796,445
(2) C　〃　〃	¥	87,951,048
(3) D　〃　〃	¥	149,024,722
(4) 入金伝票の合計はいくらですか。	¥	469,530,501
(5) 入金伝票合計と出金伝票合計の差額はいくらですか。	¥	312,475,443

第３問　次の棚卸表を完成しなさい。(10点)　　●印@１点×10＝10点

棚　卸　表

勘定科目	摘要			内訳	金額
繰越商品	A 商品	56,321 個	@¥ 298.430	● 16,807,876,030	
	B 商品	41,671 個	@¥(● 457,862)	19,079,567,402	
	C 商品	(● 125,284) 個	@¥ 58,019	7,268,852,396	
	D 商品	25,628 個	@¥(● 341,265)	8,745,939,420	
	E 商品	819,033 個	@¥ 73,801	60,445,454,433	● 112,347,689,681
有価証券	中野産業㈱	27,116 株	@¥(● 16,428)	445,461,648	
	評価損		@¥(● 1,428)	38,721,648	406,740,000
売掛金	期末帳簿棚卸高			5,671,702,400	
	貸倒引当金	売掛金残高の5.5%		311,943,632	● 5,359,758,768
建物	1棟	取得原価		4,331,000,000	
	減価償却累計額		¥ 194,895,000		
	当期償却額(定率法) 4.5%		¥(● 186,124,725)	381,019,725	● 3,949,980,275

商業計算は裏面に

商業計算

解答にあたり，数表を利用できるものについては，最も適当な数表を選択し解答すること。　　@４点×８＝32点

第１問　次の計算をしなさい。(32点)

(1) ¥6,789,000を年利率4.5%，１年１期で８年７か月預けると，複利終価はいくらになりますか。ただし，端数期間は単利法による。(計算の最終で円未満切り上げ)

$¥6,789,000 \times 1.42210061 \times (1+0.045 \times \frac{7}{12}) = ¥9,908,076$

答 ¥ 9,908,076

(2) ６年８か月後に支払う約束の借入金¥23,100,000を年利率7.5%，半年１期の複利で割り引いて，いま支払うとすれば複利現価はいくらですか。ただし，端数期間は単利法による。(計算の最終で円未満切り捨て)

$¥23,100,000 \times 0.61966167 \div (1+0.0375 \times \frac{2}{12}) = ¥14,225,276$

答 ¥ 14,225,276

(3) 毎年はじめに¥444,000ずつ11年間受け取る年金の終価はいくらですか。ただし，年利率６%，１年１期の複利とする。(円未満四捨五入)

$¥444,000 \times (16.86994120 - 1) = ¥7,046,254$

答 ¥ 7,046,254

(4) 毎年末に¥6,840,000ずつ支払い，10年間で完済する約束の借入金を，いま一時に支払えばいくらになりますか。ただし，年利率3.5%，１年１期の複利とする。(円未満四捨五入)

$¥6,840,000 \times 8.31660532 = ¥56,885,580$

答 ¥ 56,885,580

(5) ２億円を借り入れ，毎年末に等額ずつ支払って８年間で全て返済したい。年利率６%，１年１期の複利とすると年賦金はいくらですか。

$¥200,000,000 \times 0.16103594 = ¥32,207,188$

答 ¥ 32,207,188

(6) 株式会社Ｐ社の令和×年度中における純売上高は¥911,255,800であった。同社の同年末の流動資産合計は¥188,489,000，固定資産合計は¥115,347,400，流動負債合計は¥91,537,600，固定負債合計は¥49,132,300，純資産合計は¥163,166,500であった。総資本回転率はいくらですか。(小数点以下第１位未満四捨五入)

$\frac{¥911,255,800}{¥91,537,600 + ¥49,132,300 + ¥163,166,500} = 3.0$

答 3.0 回転

(7) 取得原価¥4,000,000，残存価額がゼロの備品を定額法で償却してきたが，第７期期首帳簿残高は¥1,000,000であった。この備品の耐用年数は何年ですか。

$¥4,000,000 - ¥4,000,000 \div X \times 6 = ¥1,000,000$

$X = 0.125 \quad 1 \div 0.125 = 8$

答 8 年

(8) 1.8%利付社債，額面¥5,000,000を10月１日に¥98.85で買い入れた。買入代金はいくらになりますか。ただし，利払日は６月20日と12月20日とする。(経過日数は片落とし，経過利息は円未満切り捨て)

$¥5,000,000 \times 98.85 \div 100 + ¥5,000,000 \times 0.018 \times \frac{103}{365} = ¥4,967,897$

答 ¥ 4,967,897

第２問　次の空欄を求めなさい。(18点)　　●印@３点×６＝18点

(1) (１年１期の複利，円未満四捨五入)

No.	元金	年利率	期間	利息	複利終価
1	¥ 48,484,800	4 %	6 年	●¥ 12,863,940	¥ 61,348,740
2	¥ 25,680,000	5.5 %	10 年	●¥ 18,185,150	¥ 43,865,150
3	¥ 72,564,000	9 %	15 年	¥ 191,749,097	●¥ 264,313,097

(2) ４年後に８億円を得るため，今後毎年末に等額ずつ積立てる場合の積立金表を完成しなさい。ただし，年利率4.5%，１年１期の複利とする。(円未満四捨五入し，過不足は最終の毎期積立利息で調整すること)

積　立　金　表　　　積立金目標額　８億円

No.	積立金	毎期積立利息	積立金増加高	積立金合計高
1	●¥ 186,994,920	¥ 0	¥ 186,994,920	¥ 186,994,920
2	¥ 186,994,920	¥ 8,414,771	¥ 195,409,691	¥ 382,404,611
3	¥ 186,994,920	●¥ 17,208,207	¥ 204,203,127	¥ 586,607,738
4	¥ 186,994,920	¥ 26,397,342	●¥ 213,392,262	¥ 800,000,000
計	¥ 747,979,680	¥ 52,020,320	¥ 800,000,000	

主催　社団法人　全国経理教育協会　　後援　文部科学省

第10回計算実務能力検定模擬試験

試験場校
受験番号
採　点

【禁無断転載】
制限時間50分

1　級

帳 票 計 算

第1問　次の精算表を完成しなさい。(20点)　　●印@2点×10＝20点

精　算　表

勘定科目	試算表 借方	試算表 貸方	修正記入 借方	修正記入 貸方	損益計算書 借方	損益計算書 貸方	貸借対照表 借方	貸借対照表 貸方
現金	(3,374,476)						3,374,476	
当座預金	4,488,780						(4,488,780)	
受取手形	(9,945,280)						9,945,280	
売掛金	3,654,720						(3,654,720)	
貸倒引当金		98,724	(98,724)	(299,200)				299,200
繰越商品	(31,304,252)		(30,259,648)	31,304,252				
				(19,648)			30,240,000	
備品	6,144,000						(6,144,000)	
減価償却累計額		(●1,728,000)		(691,200)				2,419,200
支払手形		6,965,288						(6,965,288)
買掛金		9,155,466						(9,155,466)
借入金		6,221,600						(6,221,600)
資本金		(32,000,000)						(●32,000,000)
利益準備金		(492,848)						492,848
繰越利益剰余金		(471,520)						471,520
売上	●	491,415,100				(491,415,100)		
仕入	(436,352,305)		(31,304,252)	(●30,259,648)	437,396,909			
営業費	51,908,000				(51,908,000)			
支払利息	(1,376,733)				1,376,733			
貸倒引当金戻入				(98,724)		(●98,724)		
貸倒引当金繰入			(299,200)		(299,200)			
棚卸減耗費			(19,648)		19,648			
減価償却費			(691,200)		691,200			
(当期純損失)	←			●		(177,866)	←→(177,866)	
	(548,548,546)	(548,548,546)	(62,672,672)	(62,672,672)	(491,691,690)	(491,691,690)	(58,025,122)	(58,025,122)

(合計欄 各●)

第2問　伝票を用いて次の計算をしなさい。(20点)　**【別冊伝票算 P.10～P.24】**　　@4点×5＝20点

(1) A商品の現金売上合計はいくらですか。	￥	118,758,286
(2) B　〃　〃	￥	113,796,445
(3) C　〃　〃	￥	87,951,048
(4) 入金伝票の合計はいくらですか。	￥	469,530,501
(5) 入金伝票合計と出金伝票合計の差額はいくらですか。	￥	249,258,961

第3問　次の棚卸表を完成しなさい。(10点)　　●印@1点×10＝10点

棚　卸　表

勘定科目	摘要	内訳	金額
繰越商品	A 商品　73,283 個　@￥ 40,793	(● 2,989,433,419)	
	B 商品　44,556 個　@￥(● 35,812)	1,595,639,472	
	C 商品　(●338,481) 個　@￥ 2,648	896,297,688	
	D 商品　22,621 個　@￥(● 17,265)	390,551,565	
	E 商品　6,706 個　@￥ 926,531	(6,213,316,886)	(● 12,085,239,030)
有価証券	中野工業㈱　86,412 株　@￥(● 84,536)	7,304,924,832	
	評価益　@￥ 5,464	(472,155,168)	(● 7,777,080,000)
売掛金	期末帳簿棚卸高	(6,311,420,500)	
	貸倒引当金　売掛金残高の4.4%	(● 277,702,502)	6,033,717,998
建物	1棟　取得原価	5,072,500,000	
	減価償却累計額　￥ 213,045,000		
	当期償却額(定率法) 4.2%　￥(● 204,097,110)	(417,142,110)	(● 4,655,357,890)

商業計算は裏面に

第10回計算実務1級

商 業 計 算

解答にあたり，数表を利用できるものについては，最も適当な数表を選択し解答すること。　　@4点×8＝32点

第1問　次の計算をしなさい。(32点)

(1) ￥32,450,000を年利率4%で6年（1年1期の複利）で貸し付けた。元利合計はいくらですか。ただし，￥100未満の端数には利息はつけないものとする。

￥32,450,000×（1＋0.04）＝￥33,748,000（1年目の元利合計）
￥33,748,000×（1＋0.04）＝￥35,097,920（2年目の元利合計）
￥35,097,900×（1＋0.04）＋￥20＝￥36,501,836（3年目の元利合計）
￥36,501,800×（1＋0.04）＋￥36＝￥37,961,908（4年目の元利合計）
￥37,961,900×（1＋0.04）＋￥8＝￥39,480,384（5年目の元利合計）
￥39,480,300×（1＋0.04）＋￥84＝￥41,059,596（6年目の元利合計）

答 ￥ 41,059,596

(2) 毎年末に￥194,000ずつ13年間受け取る年金の終価はいくらですか。ただし，年利率4.5%，1年1期の複利とする。(円未満四捨五入)

￥194,000×17.15991327＝￥3,329,023

答 ￥ 3,329,023

(3) 5年9か月後に支払う約束の借入金￥78,900,000を年利率6%，1年1期の複利で割り引いて，いま支払うとすれば複利現価はいくらですか。ただし，端数期間は単利法による。(計算の最終で円未満切り捨て)

$￥78,900,000×0.74725817÷(1+0.06×\frac{9}{12})＝￥56,419,779$

答 ￥ 56,419,779

(4) 1億円を借り入れ，毎年はじめに等額ずつ支払って14年で全て完済したい。年利率6%，1年1期の複利とすると年賦金はいくらですか。(円未満切り上げ)

￥100,000,000×0.10758491÷(1＋0.06)＝￥10,149,520

答 ￥ 10,149,520

(5) 毎年はじめに￥250,000ずつ支払い，10年間で完済する約束の借入金を，いま一時に支払えばいくらになりますか。ただし，年利率4%，1年1期の複利とする。(円未満四捨五入)

￥250,000×(7.43533161＋1)＝￥2,108,833

答 ￥ 2,108,833

(6) 耐用年数5年，残存価額がゼロの備品を定率法で償却してきたが，第3期期首帳簿残高は￥1,440,000であった。この備品の取得原価はいくらですか。

X×(1－0.400)×(1－0.400)＝￥1,440,000
X＝￥1,440,000÷(1－0.400)÷(1－0.400)＝￥4,000,000

答 ￥ 4,000,000

(7) 毎年末に等額ずつ積み立てて，6年後に￥66,666,666を得たい。年利率6%，1年1期の複利とすれば，毎年いくらの金額を積み立てればよいですか。(円未満四捨五入)

￥66,666,666×(0.20336263－0.06)＝￥9,557,509

答 ￥ 9,557,509

(8) 中野物産株式会社の株式の現在の時価は，1株￥4,860であり，予想配当金は1株につき年￥240である。同社の株式の希望利回りが年4.8%になるようにするには，1株いくらで買い入れたらよいですか。

￥240÷0.048＝￥5,000

答 ￥ 5,000

第2問　次の空欄を求めなさい。(18点)　　●印@3点×6＝18点

(1)（半年1期の複利，円未満四捨五入）

No.	元金	年利率	期間	利息	複利終価
1	￥ 45,400,000	5 %	5 年	￥ 12,715,838	●￥ 58,115,838
2	￥ 87,654,000	7.5 %	7 年	●￥ 59,105,159	￥ 146,759,159
3	￥ 48,000,000	10 %	4年6か月	●￥ 26,463,755	￥ 74,463,755

(2) 次の積立金を計算しなさい。(計算の最終で円未満切り上げ)

No.	積立金総額	年利率	期間	利息計算期	積立金 期末払い	積立金 期首払い
1	￥ 24,000,000	8 %	12 年	1年1期	￥ 1,264,681	●￥ 1,171,001
2	￥ 15,200,000	4 %	8 年	1年1期	●￥ 1,649,623	￥ 1,586,176
3	￥ 71,712,000	7 %	3年6か月	半年1期	￥ 9,218,183	●￥ 8,906,457

主催　社団法人　全国経理教育協会　　後援　文部科学省

第11回計算実務能力検定模擬試験

試験場校
受験番号
採　点

【禁無断転載】
制限時間50分

1　級

帳 票 計 算

第1問　次の精算表を完成しなさい。(20点)　　●印@2点×10＝20点

精　算　表

勘定科目	試算表 借方	試算表 貸方	修正記入 借方	修正記入 貸方	損益計算書 借方	損益計算書 貸方	貸借対照表 借方	貸借対照表 貸方
現金	3,901,074						(3,901,074)	
当座預金	(8,230,570)						8,230,570	
受取手形	21,485,143						(21,485,143)	
売掛金	(7,074,856)						7,074,856	
貸倒引当金		514,303	(514,303)	(714,000)				714,000
繰越商品	48,444,534		(47,843,932)	(48,444,534)				
				83,932			(●47,760,000)	
備品	10,620,000						(10,620,000)	
減価償却累計額		(●8,363,250)		(1,194,750)				9,558,000
支払手形		8,620,838						(8,620,838)
買掛金		(16,923,615)						16,923,615
借入金		24,660,792						(24,660,792)
資本金		(36,000,000)						(●36,000,000)
利益準備金		(534,000)						534,000
繰越利益剰余金		(993,600)						993,600
売上		686,572,783				(686,572,783)		
仕入	599,399,398		(48,444,534)	47,843,932	(●600,000,000)			
営業費	81,213,212				(81,213,212)			
支払利息	(2,814,394)				2,814,394			
貸倒引当金戻入				(514,303)		(●514,303)		
貸倒引当金繰入			(714,000)		(714,000)			
棚卸減耗費			(83,932)		(83,932)			
減価償却費			(1,194,750)		1,194,750			
当期純利益			←●	→	(**1,066,798**)	←	→	(1,066,798)
	(783,183,181)	(783,183,181)	(98,795,451)	(98,795,451)	(687,087,086)	(687,087,086)	(99,071,643)	(99,071,643)

●　●　●　●

第2問　伝票を用いて次の計算をしなさい。(20点)　**【別冊伝票算 P.11 ～ P.15】**　　@4点×5＝20点

(1) A商品の現金売上合計はいくらですか。	¥	118,788,355
(2) B　〃　〃	¥	112,869,487
(3) D　〃　〃	¥	157,320,472
(4) 入金伝票の合計はいくらですか。	¥	477,813,129
(5) 入金伝票合計と出金伝票合計の差額はいくらですか。	¥	257,541,589

第3問　次の棚卸表を完成しなさい。(10点)　　●印@1点×10＝10点

棚　卸　表

勘定科目	摘要			内訳	金額
繰越商品	A 商品	73,956 個	@¥ 21,650	(● 1,601,147,400)	
	B 商品	311,112 個	@¥(● 6,439)	2,003,250,168	
	C 商品	(● 58,934) 個	@¥ 80,947	4,770,530,498	
	D 商品	2,154 個	@¥(● 357,248)	769,512,192	
	E 商品	15,485 個	@¥ 40,816	(632,035,760)	(● 9,776,476,018)
有価証券	中野工業㈱	85,651 株	@¥ 97,832	(● 8,379,408,632)	
	評価損		@¥(● 57,832)	(4,953,368,632)	3,426,040,000
売掛金	期末帳簿棚卸高			(2,238,111,000)	
	貸倒引当金	売掛金残高の3.3%		(● 73,857,663)	2,164,253,337
建物	1棟	取得原価		3,272,500,000	
	減価償却累計額	¥ 157,080,000			
	当期償却額(定率法) 4.8%	¥(● 149,540,160)		(306,620,160)	(● 2,965,879,840)

商業計算は裏面に

商 業 計 算

解答にあたり，数表を利用できるものについては，最も適当な数表を選択し解答すること。　　@4点×8＝32点

第1問　次の計算をしなさい。(32点)

(1)　3億円借り入れ，毎年末に等額ずつ支払って15年間で完済したい。年利率5％，1年1期の複利とすると年賦金はいくらですか。

¥300,000,000×0.09634229＝¥28,902,687

答 ¥ 28,902,687

(2)　毎年はじめに¥555,000ずつ，10年間受け取る年金の終価はいくらですか。ただし，年利率8％，1年1期の複利とする。(円未満切り捨て)

¥555,000×(16.64548746－1)＝¥8,683,245

答 ¥ 8,683,245

(3)　1.2%利付社債，額面¥10,000,000を8月27日に¥98.65で買い入れた。買入代金はいくらになりますか。ただし，利払日は3月20日と9月20日とする。(経過日数は片落とし，経過利息は円未満切り捨て)

¥10,000,000×98.65÷100＋¥10,000,000×0.012×160÷365＝¥9,917,602

答 ¥ 9,917,602

(4)　5年8か月後に支払う約束の借入金¥45,670,000を年利率7.5%，半年1期の複利で割り引いて，いま支払うとすれば複利現価はいくらになりますか。ただし，端数期間は単利法による。(計算の最終で円未満切り上げ)

$¥45,670,000×0.66700769÷(1+0.075×\frac{2}{12})=¥30,086,165$

答 ¥ 30,086,165

(5)　株式会社S社の令和×年度中における純売上高は¥325,448,500であった。同社の同年末の流動資産合計は¥67,317,500，固定資産合計は¥41,195,500，流動負債合計は¥32,692,000，固定負債合計は¥17,547,250，純資産合計は¥58,273,750であった。固定資産回転率はいくらですか。(小数点以下第1位未満四捨五入)

$\frac{¥325,448,500}{¥41,195,500}=7.9$

答 7.9 回転

(6)　毎年末に¥248,000ずつ支払い，9年間で完済する約束の借入金を，いま一時に支払えばいくらになりますか。ただし，年利率4.5%，1年1期の複利とする。(円未満四捨五入)

¥248,000×7.26879050＝¥1,802,660

答 ¥ 1,802,660

(7)　年利率4.4%，半年1期の複利で2年半後に元利合計が¥2,787,342になった。元金はいくらですか。ただし，¥1,000未満の端数には利息を計算しないものとする。

¥2,787,342÷1.022≒¥2,727,340…¥2,727,000
¥2,787,342－(¥2,727,000×1.022)＝¥348
¥2,727,000＋¥348＝¥2,727,348(4期目の元利合計)
¥2,727,348÷1.022≒¥2,668,637…¥2,668,000
¥2,727,348－(¥2,668,000×1.022)＝¥652
¥2,668,000＋¥652＝¥2,668,652(3期目の元利合計)
¥2,668,652÷1.022≒¥2,611,205…¥2,611,000
¥2,668,652－(¥2,611,000×1.022)＝¥210
¥2,611,000＋¥210＝¥2,611,210(2期目の元利合計)
¥2,611,210÷1.022＝¥2,555,000(1期目の元利合計)
¥2,555,000÷1.022＝¥2,500,000(元金)

答 ¥ 2,500,000

(8)　耐用年数9年，残存価額がゼロの備品を定率法で償却してきたが，2年経過後に¥15,200,000で売却し，売却益¥67,900を得た。この備品の取得原価はいくらですか。

¥15,200,000－¥67,900＝¥15,132,100…3期首帳簿価額
¥15,132,100÷(1－0.222)÷(1－0.222)＝¥25,000,000

答 ¥ 25,000,000

第2問　次の空欄を求めなさい。(18点)　　●印@3点×6＝18点

(1)　(1年1期の複利，円未満四捨五入)

No.	元金	年利率	期間	利息	複利終価
1	¥ 63,120,000	7 %	4 年	¥ 19,617,444	●¥ 82,737,444
2	¥ 76,543,200	9 %	7 年	●¥ 63,380,764	¥ 139,923,964
3	●¥ 98,720,000	6 %	15 年	¥ 137,868,225	¥ 236,588,225

(2)　5年後に9億円を得るため，今後毎年はじめに等額ずつ積立てる場合の積立金表を完成しなさい。ただし，年利率3.5%，1年1期の複利とする。(円未満四捨五入，過不足は最終の毎期積立利息で調整すること。)

積　立　金　表　　　積立金目標額　9億円

期数	積立金	毎期積立利息	積立金増加高	積立金合計高
1	●¥ 162,157,713	¥ 5,675,520	¥ 167,833,233	¥ 167,833,233
2	¥ 162,157,713	¥ 11,549,683	¥ 173,707,396	¥ 341,540,629
3	¥ 162,157,713	¥ 17,629,442	¥ 179,787,155	●¥ 521,327,784
4	¥ 162,157,713	¥ 23,921,992	¥ 186,079,705	¥ 707,407,489
5	¥ 162,157,713	●¥ 30,434,798	¥ 192,592,511	¥ 900,000,000
計	¥ 810,788,565	¥ 89,211,435	¥ 900,000,000	

主催　社団法人　全国経理教育協会　　後援　文部科学省

第12回計算実務能力検定模擬試験

試験場校
受験番号
採　点

【禁無断転載】
制限時間50分

1　級

帳票計算

第1問　次の精算表を完成しなさい。(20点)　　●印@2点×10＝20点

精　算　表

勘定科目	試算表 借方	試算表 貸方	修正記入 借方	修正記入 貸方	損益計算書 借方	損益計算書 貸方	貸借対照表 借方	貸借対照表 貸方
現金	3,718,880						3,718,880	
当座預金	5,056,250						5,056,250	
受取手形	12,110,480						12,110,480	
売掛金	4,989,511						4,989,511	
貸倒引当金		156,461	● 156,461	855,000				855,000
繰越商品	34,352,163		36,047,484	34,352,163				
				47,484			●36,000,000	
備品	7,614,000						7,614,000	
減価償却累計額		● 2,569,725		856,575				3,426,300
支払手形		6,444,810						6,444,810
買掛金		11,273,871						11,273,871
借入金		8,910,810						8,910,810
資本金		36,000,000						●36,000,000
利益準備金		671,400						671,400
繰越利益剰余金		796,050						796,050
売上		613,357,051				613,357,051		
仕入	●567,515,204		34,352,163	36,047,484	565,819,883			
営業費	43,659,081				43,659,081			
支払利息	1,164,609				1,164,609			
貸倒引当金戻入				156,461		156,461		
貸倒引当金繰入			855,000		855,000			
棚卸減耗費			47,484		47,484			
減価償却費			856,575		856,575			
(当期純利益)			●		1,110,880			1,110,880
	680,180,178	680,180,178	72,315,167	72,315,167	613,513,512	613,513,512	69,489,121	69,489,121

第2問　伝票を用いて次の計算をしなさい。(20点)　**【別冊伝票算 P.12～P.26】**　　@4点×5＝20点

(1) A商品の現金売上合計はいくらですか。	¥	118,788,355
(2) C　〃　〃	¥	88,834,815
(3) D　〃　〃	¥	157,320,472
(4) 入金伝票の合計はいくらですか。	¥	477,813,129
(5) 入金伝票合計と出金伝票合計の差額はいくらですか。	¥	257,806,010

第3問　次の棚卸表を完成しなさい。(10点)　　●印@1点×10＝10点

棚　卸　表

勘定科目	摘要			内訳	金額
繰越商品	A商品	25,295個	@¥● 45,786	1,158,156,870	
	B商品	● 27,445個	@¥ 70,493	1,934,680,385	
	C商品	53,336個	@¥ 53,264	● 2,840,888,704	
	D商品	147,432個	@¥● 2,931	432,123,192	
	E商品	● 85,114個	@¥ 60,152	5,119,777,328	11,485,626,479
有価証券	中野商業(株)	64,971株	@¥● 86,509	5,620,576,239	
	評価益		@¥ 13,491	876,523,761	● 6,497,100,000
売掛金	期末帳簿棚卸高			7,347,671,500	
	貸倒引当金	売掛金残高の4.4%		● 323,297,546	7,024,373,954
建物	1棟	取得原価		6,629,000,000	
	減価償却累計額	¥ 371,224,000			
	当期償却額(定率法) 5.6%	¥● 350,435,456		721,659,456	● 5,907,340,544

商業計算は裏面に

商業計算

解答にあたり，数表を利用できるものについては，最も適当な数表を選択し解答すること。　　@4点×8＝32点

第1問　次の計算をしなさい。(32点)

(1) 毎年はじめに等額ずつ積み立てて，10年後に6億円を得たい。年利率3.5%，1年1期の複利とすれば，毎年いくらの金額を積み立てればよいですか。(円未満四捨五入)

¥600,000,000×(0.12024137－0.035)÷(1＋0.035)＝¥49,415,287

答　¥　49,415,287

(2) 12億円借り入れ，毎年末に等額ずつ支払って10年間で完済したい。年利率7%，1年1期の複利とすると年賦金はいくらですか。

¥1,200,000,000×0.14237750＝¥170,853,000

答　¥　170,853,000

(3) 毎年末に¥192,000ずつ13年間受け取る年金の終価はいくらですか。ただし，年利率4.5%，1年1期の複利とする。(円未満切り上げ)

¥192,000×17.15991327＝¥3,294,704

答　¥　3,294,704

(4) 耐用年数3年，残存価額がゼロの機械装置を定率法で償却してきたが，2年経過後に除却し，除却損¥554,445となった。この機械装置の取得原価はいくらですか。

¥554,445÷(1－0.667)÷(1－0.667)＝¥5,000,000

答　¥　5,000,000

(5) 13年後に支払う約束の借入金¥77,000,000を年利率6.5%，1年1期の複利で割り引いて，いま支払うとすれば複利現価はいくらになりますか。(円未満切り捨て)

¥77,000,000×0.44101676＝¥33,958,290

答　¥　33,958,290

(6) 令和2年11月1日発行，3%利付社債，額面¥70,000,000を第4回目の利払日の後に¥99.85で買い入れ，買入代金¥70,315,000を支払った。買い入れたのは令和何年何月何日ですか。ただし，利払日は毎年10月と4月の末日である。(経過日数は片落とし，経過利子の円未満切り捨て)

¥70,315,000－¥70,000,000×99.85÷100＝¥420,000

$¥70,000,000 \times 0.03 \times \frac{X}{365} = ¥420,000$

X＝365÷(¥70,000,000×0.03÷¥420,000)＝73

4回目の利払日は平成21年10月末日なので，その73日後は平成22年1月12日

答　令和　5　年　1　月　12　日

(7) 毎期はじめに¥267,000ずつ支払い，6年間で完済する約束の借入金を，いま一時に支払えばいくらになりますか。ただし，年利率8%，半年1期の複利とする。(円未満四捨五入)

¥267,000×(8.76047671＋1)＝¥2,606,047

答　¥　2,606,047

(8) ¥23,450,000を年利率2.7%で7年間，1年1期の複利で貸し付けた。7年後の元利合計はいくらですか。ただし，¥1,000未満の端数には利息をつけないものとする。

¥23,450,000×(1＋0.027)＝¥24,083,150(1年目の元利合計)
¥24,083,000×(1＋0.027)＋¥150＝¥24,733,391(2年目の元利合計)
¥24,733,000×(1＋0.027)＋¥391＝¥25,401,182(3年目の元利合計)
¥25,401,000×(1＋0.027)＋¥182＝¥26,087,009(4年目の元利合計)
¥26,087,000×(1＋0.027)＋¥ 9＝¥26,791,358(5年目の元利合計)
¥26,791,000×(1＋0.027)＋¥358＝¥27,514,715(6年目の元利合計)
¥27,514,000×(1＋0.027)＋¥715＝¥28,257,593(7年目の元利合計)

答　¥　28,257,593

第2問　次の空欄を求めなさい。(18点)　　●印@3点×6＝18点

(1) (半年1期の複利，円未満四捨五入)

No.	元金	年利率	期間	利息	複利終価
1	¥ 404,000,000	5 %	5年6か月	¥ 126,083,011	●¥ 530,083,011
2	●¥ 234,000,000	8 %	4 年	¥ 86,245,158	¥ 320,245,158
3	¥ 765,000,000	9.5 %	2年6か月	●¥ 199,787,331	¥ 964,787,331

(2) 7億円を年利率6%で4年間(1年1期)の複利で借り入れた。毎年はじめに均等額ずつ返済する年賦償還表を完成しなさい。(年賦金および毎期支払利息は円未満四捨五入し，過不足は最終利息で調整すること。)

年　賦　償　還　表

期数	期首未済元金	年賦金	毎期支払利息	元金償還額
1	¥ 700,000,000	●¥ 190,579,286	¥ 30,565,243	¥ 160,014,043
2	¥ 539,985,957	¥ 190,579,286	¥ 20,964,400	¥ 169,614,886
3	●¥ 370,371,071	¥ 190,579,286	●¥ 10,787,501	¥ 179,791,785
4	¥ 190,579,286	¥ 190,579,286	¥ 0	¥ 190,579,286
計	――	¥ 762,317,144	¥ 62,317,144	¥ 700,000,000

主催　社団法人　全国経理教育協会　　後援　文部科学省

第13回計算実務能力検定模擬試験

【禁無断転載】
制限時間50分

1　級

試験場校
受験番号
採　点

帳票計算

第1問　次の精算表を完成しなさい。(20点)　　●印@2点×10＝20点

精　算　表

勘定科目	試算表 借方	試算表 貸方	修正記入 借方	修正記入 貸方	損益計算書 借方	損益計算書 貸方	貸借対照表 借方	貸借対照表 貸方
現金	2,914,732						2,914,732	
当座預金	5,329,507						5,329,507	
受取手形	11,551,311						11,551,311	
売掛金	5,548,689						5,548,689	
貸倒引当金		● 165,861	165,861	684,000				684,000
繰越商品	37,815,210		35,870,493	37,815,210				
				50,493			35,820,000	
備品	7,155,000						7,155,000	
減価償却累計額		● 4,024,687		804,937				4,829,624
支払手形		7,311,276						7,311,276
買掛金		6,615,882						6,615,882
借入金		8,181,000						8,181,000
資本金		39,600,000						●39,600,000
利益準備金		648,900						648,900
繰越利益剰余金		284,920						284,920
売上		581,816,120				581,816,120		
仕入	● 551,170,888		37,815,210	●35,870,493	553,115,605			
営業費	26,386,564				26,386,564			
支払利息	776,745				776,745			
貸倒引当金戻入				165,861		165,861		
貸倒引当金繰入			684,000		684,000			
棚卸減耗費			50,493		50,493			
減価償却費			804,937		804,937			
(当期純利益)	←──	●	──→		163,637	←──	──→	163,637
	● 648,648,646	648,648,646	● 75,390,994	75,390,994	● 581,981,981	581,981,981	● 68,319,239	68,319,239

第2問　伝票を用いて次の計算をしなさい。(20点)　【別冊伝票算 P.13～P.27】　@4点×5＝20点

(1)	A商品の現金売上合計はいくらですか。	¥ 118,327,069
(2)	B　〃　〃	¥ 76,523,728
(3)	C　〃　〃	¥ 84,565,998
(4)	入金伝票の合計はいくらですか。	¥ 438,432,388
(5)	入金伝票合計と出金伝票合計の差額はいくらですか。	¥ 218,425,269

第3問　次の棚卸表を完成しなさい。(10点)　　●印@1点×10＝10点

棚　卸　表

勘定科目	摘要			内訳	金額
繰越商品	A商品	247,876 個	@¥ ● 4,639	1,149,896,764	
	B商品	45,118 個	@¥ 51,246	● 2,312,117,028	
	C商品	● 86,654 個	@¥ 32,154	2,786,272,716	
	D商品	64,318 個	@¥ ● 63,780	4,102,202,040	
	E商品	● 61,554 個	@¥ 80,912	4,980,457,248	15,330,945,796
有価証券	中野商業㈱	12,121 株	@¥ 54,863	664,994,423	
	評価損		@¥ 863	10,460,423	● 654,534,000
売掛金	期末帳簿棚卸高			● 9,479,885,000	
	貸倒引当金		売掛金残高の4.4%	417,114,940	9,062,770,060
建物	1棟		取得原価	5,968,750,000	
	減価償却累計額		¥ 739,552,000		
	当期償却額(定率法) 6.4%		¥ ● 334,668,672	● 1,074,220,672	● 4,894,529,328

商業計算は裏面に

商業計算

解答にあたり，数表を利用できるものについては，最も適当な数表を選択し解答すること。　@4点×8＝32点

第1問　次の計算をしなさい。(32点)

(1)　年利率3.8%，1年1期の複利で，6年後に元利合計が¥5,941,148になった。元金はいくらですか。ただし，¥1,000未満の端数には利息を計算しないものとする。

¥5,941,148÷1.038≒¥5,723,649…¥5,723,000
¥5,941,148－(¥5,723,000×1.038)＝¥674
¥5,723,000＋¥674＝¥5,723,674(5年目の元利合計)
¥5,723,674÷1.038≒¥5,514,136…¥5,514,000
¥5,723,674－(¥5,514,000×1.038)＝¥142
¥5,514,000＋¥142＝¥5,514,142(4年目の元利合計)
¥5,514,142÷1.038≒¥5,312,275…¥5,312,000
¥5,514,142－(¥5,312,000×1.038)＝¥286
¥5,312,000＋¥286＝¥5,312,286(3年目の元利合計)
¥5,312,286÷1.038≒¥5,117,809…¥5,117,000
¥5,312,286－(¥5,117,000×1.038)＝¥840
¥5,117,000＋¥840＝¥5,117,840(2年目の元利合計)
¥5,117,840÷1.038≒¥4,930,481…¥4,930,000
¥5,117,840－(¥4,930,000×1.038)＝¥500
¥4,930,000＋¥500＝¥4,930,500(1年目の元利合計)
¥4,930,500÷1.038＝¥4,750,000(元金)

答　¥ 4,750,000

(2)　毎年末に¥9,990,000ずつ支払い，9年間で完済する約束の借入金を，いま一時に支払えばいくらになりますか。ただし，年利率9%，1年1期の複利とする。(円未満四捨五入)

¥9,990,000×5.99524689＝¥59,892,516

答　¥ 59,892,516

(3)　毎年はじめに等額ずつ積み立てて，12年後に10,000,000円を得たい。年利率5.5%，1年1期の複利とすれば，毎年いくらの金額を積み立てればよいですか。(円未満切り捨て)

¥10,000,000×(0.11602923－0.055)÷(1＋0.055)＝¥578,476

答　¥ 578,476

(4)　中野商事株式会社株式の時価は，1株¥234,000であり，予想利回りは3.3%である。同社の株式の希望利回りが年4.4%になるようにするには，1株いくらで買い入れたらよいですか。

¥234,000×0.033÷0.044＝¥175,500

答　¥ 175,500

(5)　1億円借り入れ，毎年はじめに等額ずつ支払って10年間で完済したい。年利率5%，1年1期の複利とすると年賦金はいくらですか。(円未満四捨五入)

¥100,000,000×0.12950458÷(1＋0.05)＝¥12,333,770

答　¥ 12,333,770

(6)　3年5か月後に支払う約束の借入金¥3,500,000を年利率5.5%，半年1期の複利で割り引いて，いま支払うとすれば複利現価はいくらになりますか。ただし，端数期間は単利法による。(計算の最終で円未満切り捨て)

$¥3,500,000 \times 0.84978491 \div (1+0.055 \times \frac{5}{12}) = ¥2,907,614$

答　¥ 2,907,614

(7)　株式会社Aの令和×年度中における純売上高は¥715,986,700であった。同社の同年末の受取手形勘定残高¥21,806,400，同売掛金勘定残高¥40,646,100であったとすると，受取勘定回転率はいくらですか。なお，同社期末には割引に付した手形はなかった。(小数点以下第1位未満四捨五入)

$\frac{¥715,986,700}{¥21,806,400 + ¥40,646,100} = 11.5$

答　11.5　回転

(8)　毎年はじめに¥900,000ずつ12年間受け取る年金の終価はいくらですか。ただし，年利率4.5%，1年1期の複利とする。(円未満切り上げ)

¥900,000×(17.15991327－1)＝¥14,543,922

答　¥ 14,543,922

第2問　次の空欄を求めなさい。(18点)

(1)　(1年1期の複利，円未満四捨五入)　　●印@3点×6＝18点

No.	元金	年利率	期間	利息	複利終価
1	¥ 303,030,000	3.75 %	5 年	¥ 61,242,305	●¥ 364,272,305
2	¥ 567,800,000	5.5 %	9 年	●¥ 351,521,727	¥ 919,321,727
3	●¥ 876,000,000	7.5 %	14 年	¥ 1,535,140,988	¥ 2,411,140,988

(2)　残存価額はゼロ，償却率は固定資産償却率表により計算すること。(決算は年1回，各期の減価償却費は円未満切り捨て)

No.	取得原価	耐用年数	償却方法	第3期の減価償却費	帳簿価額	
1	¥ 860,000	6 年	定率法	¥ 127,407	第5期期首	●¥ 170,218
2	¥ 7,800,000	12 年	定率法	●¥ 903,859	第3期期首	¥ 5,412,335
3	¥ 54,000,000	41 年	定額法	¥ 1,350,000	第9期期首	●¥ 43,200,000

主催　社団法人　全国経理教育協会　　後援　文部科学省

第14回計算実務能力検定模擬試験

試験場校
受験番号
採　点

【禁無断転載】
制限時間50分

1　級

帳 票 計 算

第1問　次の精算表を完成しなさい。(20点)　　●印@2点×10＝20点

精　算　表

勘定科目	試算表 借方	試算表 貸方	修正記入 借方	修正記入 貸方	損益計算書 借方	損益計算書 貸方	貸借対照表 借方	貸借対照表 貸方
現金	2,076,288						(2,076,288)	
当座預金	(5,523,382)						5,523,382	
受取手形	14,277,894						(14,277,894)	
売掛金	(2,822,105)						2,822,105	
貸倒引当金		(● 295,028)	(295,028)	(342,000)				(342,000)
繰越商品	36,178,762		(38,549,624)	(36,178,762)				
				119,624			38,430,000	
備品	7,416,000						(7,416,000)	
減価償却累計額		(● 2,085,750)		(834,300)				2,920,050
支払手形		7,821,000						(7,821,000)
買掛金		(14,824,121)						14,824,121
借入金		8,181,000						(8,181,000)
資本金		(36,000,000)						(●36,000,000)
利益準備金		(578,700)						578,700
繰越利益剰余金		787,888						(787,888)
売上		658,255,339				(658,255,339)		
仕入	●(612,904,601)		(36,178,762)	(●38,549,624)	610,533,739			
営業費	46,973,743				(46,973,743)			
支払利息	(656,051)				656,051			
貸倒引当金戻入				(295,028)		295,028		
貸倒引当金繰入			342,000		(342,000)			
棚卸減耗費			(119,624)		(119,624)			
減価償却費			(834,300)		834,300			
(当期純損失)	←―――――	――●	―――――→			(909,090)	↔ (909,090)	
	(728,828,826)	(728,828,826)	(76,319,338)	(76,319,338)	(659,459,457)	(659,459,457)	(71,454,759)	(71,454,759)

第2問　伝票を用いて次の計算をしなさい。(20点)　**【別冊伝票算 P.14～P.28】**　　@4点×5＝20点

(1)　B商品の現金売上合計はいくらですか。　　¥ 76,523,728
(2)　C　〃　〃　　¥ 84,565,998
(3)　D　〃　〃　　¥ 159,015,593
(4)　入金伝票の合計はいくらですか。　　¥ 438,432,388
(5)　入金伝票合計と出金伝票合計の差額はいくらですか。　　¥ 136,423,140

第3問　次の棚卸表を完成しなさい。(10点)　　●印@1点×10＝10点

棚　卸　表

勘定科目	摘要		内訳	金額
繰越商品	A 商品　71,672 個	@¥(● 97,642)	(6,998,197,424)	
	B 商品　(● 43,395)個	@¥ 19,351	839,736,645	
	C 商品　82,894 個	@¥(● 63,278)	5,245,366,532	
	D 商品　54,267 個	@¥ 14,589	(● 791,701,263)	
	E 商品　(●122,173)個	@¥ 5,046	616,484,958	14,491,486,822
有価証券	中野産業㈱　19,342 株	@¥(76,810)	(● 1,485,659,020)	
	評価益	@¥(● 3,190)	61,700,980	1,547,360,000
売掛金	期末帳簿棚卸高		(4,383,954,000)	
	貸倒引当金	売掛金残高の2.8%	122,750,712	(● 4,261,203,288)
建物	1棟	取得原価	2,288,000,000	
	減価償却累計額	¥ 128,128,000		
	当期償却額(定率法) 5.6%	¥(● 120,952,832)	(249,080,832)	(● 2,038,919,168)

商業計算は裏面に

商 業 計 算

解答にあたり，数表を利用できるものについては，最も適当な数表を選択し解答すること。　　@4点×8＝32点

第1問　次の計算をしなさい。(32点)

(1)　¥15,000,000 を年利率6.8％で5年間，1年1期の複利で貸し付けた。5年後の元利合計はいくらですか。ただし，¥1,000 未満の端数には利息をつけないものとする。

¥15,000,000×(1＋0.068)＝¥16,020,000 (1年目の元利合計)
¥16,020,000×(1＋0.068)＝¥17,109,360 (2年目の元利合計)
¥17,109,000×(1＋0.068)＋¥360＝¥18,272,772 (3年目の元利合計)
¥18,272,000×(1＋0.068)＋¥772＝¥19,515,268 (4年目の元利合計)
¥19,515,000×(1＋0.068)＋¥268＝¥20,842,288 (5年目の元利合計)

答 ¥ **20,842,288**

(2)　毎年末に¥300,000ずつ8年間受け取る年金の終価はいくらですか。ただし，年利率4.5％，1年1期の複利とする。(円未満切り上げ)

¥300,000×9.38001362＝¥2,814,005

答 ¥ **2,814,005**

(3)　耐用年数5年，残存価額がゼロの備品を定率法で償却しており，3年経過後の減価償却累計額が¥14,112,000となった。この備品の取得原価はいくらですか。

定率法償却率(耐用年数5年)…0.400
1期償却額：X×0.400＝0.400X
2期償却額：(X－0.400X)×0.400＝0.24X
3期償却額：(X－0.400X－0.24X)×0.400＝0.144X
0.400X＋0.24X＋0.144X＝¥14,112,000　　X＝¥18,000,000

答 ¥ **18,000,000**

(4)　毎期はじめに¥1,500,000ずつ支払い，16年間で完済する約束の借入金を，いま一時に支払えばいくらになりますか。ただし，年利率4.5％，1年1期の複利とする。(円未満四捨五入)

¥1,500,000×(10.73954573＋1)＝¥17,609,319

答 ¥ **17,609,319**

(5)　13年後に返済する約束の借入金¥65,432,000を年利率5.5％，1年1期の複利で割り引いて，いま支払うとすれば複利現価はいくらになりますか。(円未満切り捨て)

¥65,432,000×0.49856068＝¥32,621,822

答 ¥ **32,621,822**

(6)　毎年はじめに等額ずつ積み立てて，7年後に6億円を得たい。年利率4％，1年1期の複利とすれば，毎年いくらの金額を積み立てればよいですか。(円未満四捨五入)

¥600,000,000×(0.16660961－0.04)÷(1＋0.04)＝¥73,044,006

答 ¥ **73,044,006**

(7)　30億円借り入れ，毎年末に等額ずつ支払って12年間で完済したい。年利率3.5％，1年1期の複利とすると年賦金はいくらですか。

¥3,000,000,000×0.10348395＝¥310,451,850

答 ¥ **310,451,850**

(8)　令和2年6月1日発行，1.6％利付社債，額面¥24,000,000を第3回目の利払日の後に¥99.68で買い入れ，買入代金¥24,000,000を支払った。買い入れたのは令和何年何月何日ですか。ただし，利払日は毎年11月と5月の末日である。(経過日数は片落し，経過利子の円未満切り捨て)

$$¥24,000,000－¥24,000,000×\frac{99.68}{100}＝¥76,800$$

$$¥24,000,000×0.016×\frac{X}{365}＝¥76,800\qquad X＝73日$$

答 令和 **4** 年 **2** 月 **11** 日

第2問　次の空欄を求めなさい。(18点)　　●印@3点×6＝18点

(1)　(半年1期の複利，円未満四捨五入)

No.	元金	年利率	期間	利息	複利終価
1	¥ 306,400,000	6 ％	4 年	¥ 81,738,353	●¥ 388,138,353
2	¥ 336,800,000	7 ％	5 年	●¥ 138,289,662	¥ 475,089,662
3	●¥ 460,800,000	8 ％	6 年	¥ 276,955,647	¥ 737,755,647

(2)　4年後に1億円を得るため，今後毎年末に等額ずつ積み立てる場合の積立金表を完成しなさい。ただし，年利率6％，1年1期の複利とする。(円未満四捨五入し，過不足は最終の毎期積立利息で調整すること。)

積　立　金　表　　積立金目標額　1億円

期数	積立金	毎期積立利息	積立金増加高	積立金合計高
1	●¥ 22,859,149	¥ 0	¥ 22,859,149	¥ 22,859,149
2	¥ 22,859,149	¥ 1,371,549	¥ 24,230,698	¥ 47,089,847
3	¥ 22,859,149	●¥ 2,825,391	¥ 25,684,540	¥ 72,774,387
4	¥ 22,859,149	¥ 4,366,464	●¥ 27,225,613	¥ 100,000,000
計	¥ 91,436,596	¥ 8,563,404	¥ 100,000,000	――

［編者紹介］

経理教育研究会

商業科目専門の執筆・編集ユニット。
英光社発行のテキスト・問題集の多くを手がけている。
メンバーは固定ではなく、開発内容に応じて専門性の高いメンバーが参加する。

計算実務1級直前模試

2023年2月1日　発行

編　者　経理教育研究会
発行所　株式会社 英光社
〒176-0012　東京都練馬区豊玉北1-9-1
TEL 050-3816-9443
振替口座 00180-6-149242
https://eikosha.net

ISBN 978-4-88327-766-7 C1034

本書の内容に誤りが見つかった場合は、ホームページにて正誤表を公開いたします。
https://eikosha.net/seigo

本書の内容に不審な点がある場合は、下記よりお問合せください。
https://eikosha.net/contact
FAX 03-5946-6945
※お電話でのお問合せはご遠慮ください。

落丁・乱丁本はお取り替えいたします。
上記contactよりお問合せください。